CLARISSA RAY

EDEL-
STEINE

CLARISSA RAY

EDEL-STEINE

Die Energie der
Heil-, Kraft- und Schutzsteine nutzen

mvg

Die Deutsche Bibliothek – CIP Einheitsaufnahme

Ray, Clarissa:
Edelsteine : die Energie der Heil-, Kraft- und Schutzsteine nutzen / Clarissa Ray. Photogr. von Peter Ehlert. – Landsberg/Lech : mvg-verl., 1996
(mvg-Paperbacks ; 529)
ISBN 3-478-08529-2
NE: GT

Für die Unterstützung in der Bereitstellung der Edelsteine und Schmuckstücke bedanken sich Verlag und Autorin ganz herzlich bei der Firma „Mineralien Ute Mietzner", Landsberg, der Firma „Kristalle und Düfte", Inhaberin Frau Antonie Dausch, Landsberg sowie Frau Ursula Götz, Landsberg.

Das Papier dieses Taschenbuchs wird möglichst umweltschonend hergestellt.

Umschlaggestaltung: Gruber & König, Augsburg
Photographien: Peter Ehlert, München
Satz: Fotosatz Buck, Kumhausen
Druck- und Bindearbeiten: Presse-Druck, Augsburg
Printed in Germany 080 529/296802
ISBN 3-478-08529-2

Inhaltsverzeichnis

Einführung

Das Wissen um die heilsamen Energien von Edelsteinen ist weder neu noch eine bloße Modeerscheinung. Alle großen Kulturvölker kannten und nutzten die – zumeist positiven – Kräfte von Mineralien und Steinen. Durch das wachsende Interesse an natürlichen und sanften Heilmethoden in unserer Zeit ist so eine uralte Heilkunst mit einem sehr breiten Wirkungsspektrum wiederentdeckt und neu belebt worden.

Vielleicht rührt es auch daher, daß edle Steine, wie Diamanten, Smaragde und Rubine, lange Zeit in erster Linie als kostbare Schmuckstücke angesehen und behandelt wurden und deshalb ihre Heilkräfte über Jahrhunderte in den Hintergrund traten, wenn nicht ganz in Vergessenheit gerieten. Dies läßt sich unter anderem daraus erklären, daß es in früherer Zeit sowohl an einer umfassenden Kenntnis von Entstehung und Anwendung der Steine als auch an einem breiten Angebot von ihnen mangelte. Seit einigen Jahren aber hat sich diese Situation entscheidend verändert: Das Wissen um die Edelsteine hat außerordentlich zugenommen, und sie sind heute vielerorts erhältlich. Die Edelsteintherapie ist auf dem besten Wege dazu, sich einen festen Platz in der Naturheilkunde zu erwerben, und auch bei Laien ist ein sehr großes Interesse und der Wunsch nach persönlich nutzbarer Information über Steine und ihre Wirkungen festzustellen.

Dieses Buch stellt eine allgemeine Einführung und ein übersichtliches Nachschlagewerk für den „Einsteiger" in diesen Themenbereich dar, der nach knappen und dennoch möglichst vielfältigen Informationen sucht. In diesem Rahmen könnte es auch eine Entscheidungshilfe für Sie bieten, ob und wie weit das Interesse an diesem Thema bei Ihnen geweckt wird und Sie vielleicht bestimmte Aspekte durch weiterführende Literatur vertiefen oder einen Therapeuten aufsuchen möchten, der mit Heilsteinen arbeitet.

Kapitel 1: Die Entstehung der Edelsteine

Wie Naturgesteine zu edlen Steinen werden

Nach chinesischer Weisheit gelten Mineralien als „Organe der Erde“ und Edelsteine als „Drüsen der Erde“. Nach altem druidischen Wissen ist der Erdboden das „Fleisch“ und sind Steine die „Knochen von Mutter Erde“, und für die Indianer sind Edelsteine die „Augen Gottes“. Bei allen großen Kulturen nahmen sie eine besondere Stellung ein.

Nach ihrer chemischen Zusammensetzung handelt es sich bei diesen herrlichen Geschenken der Natur um eine Verdichtung von Mineralien, die bestimmten Gesetzmäßigkeiten unterliegt. Die ersten oder primären Mineralien entstehen durch Kristallisation aus dem Magma, der Gesteinsschmelze im Erdinneren. Dazu gehören zum Beispiel Feueropal und Obsidian, Bergkristall, Mondstein und Amethyst.

Geraten die Steine an die Erdoberfläche, entstehen durch Verwitterung und Ablagerung (Sedimente) die sogenannten „sekundären Mineralien“. Dazu gehören beispielsweise Malachit und Türkis.

Werden Gesteine unter großem Druck und Hitze wieder in die Tiefe gedrückt, geschieht eine Umwandlung in Struktur und Mineralgehalt, und es entsteht die tertiäre Form von Mineralien. Dazu gehören unter anderem Jade und Lapislazuli. Viele Steine können allerdings nach zwei, manche sogar nach drei Bildungsprinzipien entstehen.

In allen Edelsteinen ist Sauerstoff und Silicium enthalten; hinzu kommen Gold, Silber, Eisen, Kupfer, Fluor, Zink, Zinn usw., die den Mineralien und Steinen auch ihre unterschiedliche Farbe geben. Wie schon erwähnt, geschieht die Kristallisation dieser Stoffe unter hohem Druck und starker Hitzeeinwirkung, was dazu führt, daß sie unter Druck elektrische Ladung und bei Hitze Strahlung abgeben. Auch die Faktoren von Raum und Zeit spielen bei diesem Entwicklungsprozeß eine wichtige Rolle.

Mineralgruppen

Mineralien mit der gleichen chemischen Zusammensetzung, die durch die Beimengung von Spurenelementen eine unterschiedliche Farbgebung haben und/oder eine unterschiedliche kristalline Struktur aufweisen, werden in *Steinfamilien* zusammengefaßt. Einige Beispiele dafür, die später im „Edelstein-Lexikon“ (Kapitel 7) genannt sind, sollen hier kurz vorgestellt werden.

Alle Steine der sehr vielfältigen *Quarz-Gruppe* bestehen aus Kieselsäure.

Makrokristalline Quarze, die große, mit dem bloßen Auge sichtbare Kristalle bilden, werden als *Kristall-*

quarze bezeichnet. Dazu gehören beispielsweise Bergkristall, Rauchquarz, Amethyst und Citrin.

Als mikrokristalline (oder „kryptokristalline") Quarze bezeichnet man solche Quarze, deren kristalline Struktur erst unter dem Mikroskop sichtbar wird. Dazu gehören unter anderem die verschiedenen Jaspis- und Chalcedonarten. Eine Untergruppe der mikrokristallinen Quarze bildet die *Chacedon-Familie,* deren Steine sich aus faserigen Quarzaggregaten zusammensetzen. Dazu gehören zum Beispiel Karneol, Chrysopras und Onyx.

Eine weitere große Gruppe von Mineralien wird als *Feldspate* zusammengefaßt. Hierbei handelt es sich um Aluminiumsilikate von unterschiedlicher Färbung, wozu unter anderem Mondstein, Amazonit und Labradorit gehören.

Die Steine der *Korund-Gruppe* sind Verbindungen aus Aluminium und Sauerstoff. Der tiefrote Korund ist der Rubin, alle andersfarbigen Korunde heißen Saphir.

Die Steine der *Beryll-Familie* enthalten das Metall Beryllium. Bekannte Vertreter dieser Gruppe sind Aquamarin und Smaragd.

Die *Granat-Familie* besteht aus Silikaten mit derselben Kristallstruktur, aber einer unterschiedlichen Färbung. Almandin, Pyrop und Spessartin sind die bekanntesten rötlichen Varietäten.

Kristalle

Mineralien und Edelsteine weisen schon in ihrem natürlichen Vorkommen bestimmte regelmäßige Formen auf, die als *Kristalle* bezeichnet werden. Bis auf wenige amorphe Steine sind alle Edelsteine auch Kristalle. Der atomare Aufbau der Steine in Kristallgittern folgt einer strengen mathematischen Gesetzmäßigkeit, die nach der geometrischen Grundform, der Symmetrie der Achsen und der Winkel zwischen den Flächen sieben Kristallgitter entstehen läßt:

- das kubische (Quadrat),
- das hexagonale (Sechseck),
- das trigonale (Dreieck),
- das tetragonale (Rechteck),
- das rhombische (Raute),
- das monokline (Parallelogramm) und
- das trikline (Trapez) Gitter.

Aus der kristallinen Struktur, in der sich nach einfachen und festen Regeln eine geistige Form in der materiellen Welt ausdrückt, können Schlußfolgerungen auf die Eigenschaften und Heilwirkungen des betreffenden Steines gezogen werden. Michael Gienger hat in seinem Buch „Die Steinheilkunde“ (siehe Literaturverzeichnis) eine Beziehung zwischen den sieben Kristallsystemen und dem entsprechenden Menschentypus bzw. „Lebensstil“ hergestellt, die auch in die praktische Anwendung der Kristallstrukturen zum Zwecke des Heilens und Lernens einführt.

Formen und Schliff

Auch durch die Form, sei es als Rohstein oder in einer bestimmten Art und Weise geschliffen, verändert sich die Ausstrahlung eines Edelsteins und damit seine Wirkung auf den Menschen.

Rohsteine verkörpern oft am reinsten das eigentliche Wesen eines Minerals und damit auch seine Schwingung und seine Heilwirkungen. Ein naturbelassener Rosenquarz kann beispielsweise das gesamte Raumklima günstig beeinflussen und harmonisieren.

Bei natürlichen Kristallen ist zwischen *einfachen Kristallspitzen* zu unterscheiden, wie ein Bergkristall, der die Energie zur Spitze hin konzentriert, und den sogenannten *Doppelendern*, die an beiden Seiten eine Spitze haben und die Fähigkeit zur Verbindung unterstützen.

Von *Kristallgruppen* spricht man, wenn mehrere Kristalle miteinander verwachsen sind. Umschließen sie dabei eine kleinere Höhlung, bezeichnet man dies als eine Geode, bei einem größeren Hohlraum als eine Druse. Bekannte Beispiele dafür sind Bergkristall und Amethyst. Sie haben eine starke Strahlung und können daher für die Reinigung und Aufladung von zu Heilzwecken bestimmten Steinen verwendet werden.

Eine sehr beliebte (und kostengünstige) Form sind die *Trommelsteine*, die auch als „Handschmeichler" bezeichnet und gerne in der Hosen- oder Rocktasche getragen werden. Trommelsteine entstehen dadurch, daß Rohsteine in großen rotierenden Trommeln durch Hinzufügung von Wasser und immer feinerem Sand geschliffen und allmählich rundpoliert werden, wobei der natürliche Entstehungsprozeß von Kieseln im Wasser nachgeahmt wird. Durch die Abrundung der Kanten erhalten die Trommelsteine eine begrenzte und gleichmäßige Ausstrahlung, so daß sie zur gezielten Wirkung auf bestimmte Körperstellen aufgelegt werden können.

Da der Schleifvorgang in diesem Falle maschinell geschieht, sind Trommelsteine weitaus preisgünstiger als manuell geschliffene Steine. Hier ist an erster Stelle der sogenannte *Cabochon-Schliff* zu nennen, bei dem die Oberfläche des Steins an einer oder beiden Seiten kugelförmig gewölbt ist. Die am höchsten entwickelte Form ist der *Facettenschliff* des Diamanten, der ihn zum Brillanten macht und sein Feuer und seinen Glanz ins rechte Licht setzt.

Durch einen speziellen Schliff, zum Beispiel in Form einer Pyramide, einer Kugel oder eines Stabes, kann der Stein eine andere Symbolik und Energie erhalten; das gleiche gilt für durchbohrte Steine oder Donuts (flache Steine mit einem Loch in der Mitte). Weitere Hinweise dazu finden Sie im Kapitel „Das Tragen von Edelsteinen".

Scheiben, die aus Querschnitten entstehen, enthüllen oft charakteristische Formen und Zeichnungen, die im Inneren eines Steins verborgen sind. Am meisten verbreitet sind Achatscheiben. An ihrer Signatur läßt sich oft, zum Beispiel durch die Ähnlichkeit mit einem Körperorgan, bildlich ihre Heilwirkung ablesen.

Kapitel 2: Die Beziehung zwischen Mensch und Edelsteinen in der Überlieferung bis heute

Zur Geschichte der Edelsteine in Religion und Magie, Heilkunst und Schamanismus

Seit uralter Zeit ist der Mensch mit den Steinen vertraut gewesen und von ihnen begleitet worden, wie uns schon der Name der vorgeschichtlichen „Steinzeit" verrät. Grob behauene Steine wurden vom Menschen als Werkzeug oder zum Feuerschlagen, als Waffe für die Jagd und den Kampf benutzt. Hinzu kam die Verwendung von Steinen als Schmuck und zu magischen und kultischen Zwecken. Die Megalith-Kultur, die sich vor ca. 4000–5000 Jahren auf der ganzen Welt verbreitete, beruhte auf dem Steinkult.

Dolmen dienten gleichzeitig als Tempel und Grabstätten. Aufrecht stehende Steinsäulen, die *Menhire*, wurden oft an Kraftorten errichtet; sie galten auch als eine Verkörperung der Großen Göttin. Berühmte Beispiele dafür sind der Steinkreis von Stonehenge im Südwesten von England und die Steinreihen von Carnac in Nordwestfrankreich. Überall auf der Welt, von den Anden bis zum tibetischen Hochland, finden sich solche Zeugnisse für die Verehrung von Steinen durch den Menschen.

Bei den Sumerern und Ägyptern, den Griechen und auch den Römern waren die schutzbringenden Eigenschaften und Heilkräfte der Steine bekannt und hochgeschätzt. In den berühmten Königsgräbern der alten Stadt Ur im Zweistromland wurden herrlich verarbeitete Edelsteine als Grabbeigaben gefunden. Aus dort entdeckten Inschriften weiß man, daß der Jaspis bei den Sumerern einer der gebräuchlichsten Heilsteine war, der vor allem zur Erleichterung der Schwangerschaft und Geburt Verwendung fand. Besonders beliebt als Amulett war dort auch der tiefblaue, goldgefleckte Lapislazuli.

In Ägypten war die Verarbeitung von Edelsteinen zu Schmuck ebenfalls schon seit Jahrtausenden bekannt, wobei die Farbe der verwendeten Steine eine ganz besondere Rolle spielte und ihre Zuordnung zu mit ihnen korrespondierenden Emotionen ermöglichte. Sehr beliebt in Ägypten waren grüne Edelsteine, wie Türkis und Malachit; aus Türkis oder Lapislazuli wurde der heilige Skarabäus-Käfer geschnitten. Die Ägypter verwandten auch pulverisierte Steine zu medizinischen und kosmetischen Zwecken. Pharaonengräber wurden zu regelrechten Schatzkammern ausgestaltet, denn die Steine galten als unsterblich und dienten daher als Schutz und zum Schmuck für ein Fortleben nach dem Tode.

In Griechenland und Rom waren Edelsteine besonders während der klassischen Epoche beliebt. Durch die regen Handelsbeziehungen konnten Steine aus vielen Ländern der Erde eingeführt und auch die Kunst ihrer Bearbeitung erlernt werden. Manch ein römischer Kaiser war von ihrer Schutz- und Heilkraft überzeugt - so beispielsweise Augustus, der auf dem Kapitol den größten damals bekannten Bergkristall von über fünfzig Pfund weihte.

Während Edelsteine im Alten Testament zwar häufig erwähnt werden und der Brustschmuck der Hohepriester mit seinen zwölf Steinen eine hohe symbolische Bedeutung hat (sie stehen für die zwölf Stämme Israels), war den Juden das Tragen von Edelsteinen offenbar nur in einem sakralen Zusammenhang gestattet. Es ist allerdings eine alte Weisheit aus dem Talmud über ihre Heilkraft überliefert, und diese lautet: „Um den Hals unseres Vaters Abraham hing ein Edelstein, und jeder Kranke, der ihn erblickte, war sogleich genesen."

Die Christen sahen Edelsteine als göttliche Gaben an. Eine besonders bekannte Vertreterin der Steinheilkunde im Mittelalter ist die hl. Hildegard von Bingen gewesen, die im 12. Jahrhundert viele Kranke mit Hilfe von Edelsteinen geheilt hat. Bei ihr verbanden sich alte Überlieferung und religiöse Vorstellungen mit mystischen Visionen. Ihr Wissen ist in unserer Zeit wiederentdeckt worden und wird in der „Hildegard-Medizin" praktisch angewendet. Um Bernstein als Beispiel zu nehmen: Zerriebener pulverisierter Bernstein wurde mit Wasser und Honig vermischt und gegen Nieren- und Leberschäden getrunken.

Eine besondere Stellung im Mittelalter nahm der legendäre „Karfunkel" ein (dies dürfte nach heutigem Wissensstand der Granat sein), der als magischer Stein galt und von den Kreuzrittern mit ins Heilige Land genommen wurde, um sie unverwundbar zu machen. Der Karfunkel spielte in Märchen und Legenden noch lange eine wichtige und wundersame Rolle. Es wurde ihm nachgesagt, daß er im Dunkeln leuchte, und etwa ein Jahrhundert nach der hl. Hildegard will Albertus Magnus, der bemüht war, die alte Überlieferung durch eigene Erfahrung zu bestätigen, dies tatsächlich gesehen haben. Der Karfunkel (und ersatzweise Granat, Rubin und roter Spinell) galt als Verkörperung des göttlichen Lichtes auf Erden.

Eine wichtige Rolle kam den Edelsteinen im Volksglauben zu, und das überlieferte Wissen um ihre magischen Eigenschaften fand auch seine praktische Umsetzung. Nehmen wir als Beispiel wieder den Bernstein: Hatten die wilden Wikinger bei ihren Eroberungsfahrten über die Meere noch den sonnenhaften Bernstein als Schutz vor bösen Geistern bei sich getragen, wurden später kleinen Kindern Bernsteinketten umgehängt, um ihre Abwehrkräfte gegen fiebrige Erkrankungen zu schützen, und Bernstein wurde in Küstengebieten auch als Beißstein beim Zahnen verwendet.

In den nächsten Jahrhunderten wurden zahlreiche Steinbücher, sogenannte „Lapidarien", verfaßt. Zu den bekanntesten gehören die Werke des Arztes und Geheimwissenschaftlers Agrippa von Nettesheim und des berühmten Paracelsus; letzterer steht in einer langen Reihe von Alchemisten, deren höchstes Ziel es war, bei der Umwandlung von Materie nicht nur Blei in Gold zu verwandeln, sondern auch den „Stein der Weisen" hervorzubringen, der zudem als Lebenselixier und Universalheilmittel galt.

Mit der Neuzeit, also der Renaissance und dem Humanismus des 16. Jahrhunderts, wurde aus der Mineralogie eine Naturwissenschaft, als deren Begründer vor allem Georg Agricola gilt. Im Zeitalter der Aufklärung wurde das rationalistische Weltbild bestimmend, die alten Überlieferungen traten damit in den Hintergrund. Dieses Wissen ging jedoch nicht verloren; es blieb unterschwellig bestehen und wurde in unserem Jahrhundert beispielsweise von Rudolf Steiner, dem Begründer der Anthroposophie, in einer intensiven Beschäftigung mit der Beziehung zwischen Mensch und Mineralreich wieder aufgegriffen.

In unserer heutigen Zeit, die bei vielen eine immer kritischere Haltung gegenüber dem bloßen Materialismus erkennen läßt, ist ein wachsendes Interesse für die Beschäftigung mit Steinen und die Anwendung ihrer natürlichen Kräfte zu bemerken. Wie schon einführend erwähnt, ist die Edelsteintherapie im Begriff, sich einen festen Platz innerhalb der Naturheilverfahren zu erobern, und es bleibt zu hoffen, daß sich altes Wissen und moderne Forschung auf diesem Gebiet gegenseitig in bestmöglicher Weise ergänzen werden.

Unternehmen wir zum Abschluß dieses Kapitels noch einen kleinen Ausflug über die Grenzen unseres Lebensraumes hinaus, denn gerade auch die Beschäftigung mit anderen Kulturen hat in den letzten Jahren zu einer geistigen Öffnung und positiven Annäherung geführt.

Natürlich haben Steine auch außerhalb des europäischen und vorderasiatischen Raumes immer schon eine große Rolle gespielt. Die indische Kultur war beispielsweise eng mit dem Mondstein und seinen intuitiven weiblichen Kräften verbunden. Steine in Pulverform *(pishti)* oder als Asche *(bhasma)* gehören bis heute zu den wichtigsten Mitteln in der ayurvedischen Medizin. Durch besondere Methoden der Zubereitung werden die Heilkräfte der Edelsteine außerordentlich verstärkt. Auch die Beziehung zwischen Edelsteinen und Planeten bzw. Tierkreiszeichen war schon im alten Indien bekannt (vgl. dazu die späteren Kapitel „Astrologische Einflüsse und Edelsteine“ und „Heilen mit Edelsteinen“).

Als weiteres Beispiel soll die indianische Kultur erwähnt werden. Wie auch bei den Tibetern, galt hier der Türkis als magischer und glücksbringender Stein und wurde, zusammen mit der Koralle, nicht nur als herrlicher Schmuck, sondern auch zum Schutz getragen. Alle Kristallquarze, zum Beispiel der Bergkristall, sollten an einer bestimmten Stelle genau zwischen Herzchakra und Solarplexus, der Karneol dagegen für spezielle Heilbehandlungen am Hals getragen werden.

Natürlich wurden Steine auch zum rituellen und zeremoniellen Gebrauch verwendet. Eine Sonderstellung nimmt die Nutzung des Bergkristalls durch den Medizinmann oder Schamanen ein. Diese hatten schon immer einen direkten Zugang zu den Heilkräften der Natur, die in Kräutern, Mineralien und Kristallen, in Farben und auch in den Bewegungen der Gestirne enthalten sind. Der Bergkristall galt als Stein, der durch seine große Reinheit alles reflektieren konnte. Hielt man den Blick lange genug auf ihn gerichtet, konnte man darin nicht nur den Fundort von gestohlenen Dingen oder das Versteck von Dieben entdecken, sondern auch die Ursache für Krankheiten und andere Übel erkennen.

Diese Funktion spiegelt sich in der Verwendung der Kristallkugel zur Zukunftsvorausschau wider; doch von einer höheren Warte aus besitzt ein Schamane die Fähigkeit, sich auf die „andere Seite“ der Wirklichkeit zu begeben, und dabei können ihm auch Kristalle und Edelsteine als Wegweiser dienen.

Kapitel 3: Farben und Edelsteine

Die gebräuchlichste Zuordnung von Heilwirkungen zu den verschiedenen Steinen geschieht über ihre Farbe. Dies beruht auf dem Analogiegesetz, das sich in dem einfachen Satz *Wie oben, so unten* zusammenfassen läßt und die Entsprechung zwischen Mensch und Universum veranschaulicht. Nach der Lehre von den Signaturen trägt jedes Wesen oder Ding, jede Pflanze und auch jedes Mineral eine Art „Stempel" in sich eingeprägt, der über seine Kräfte Aufschluß gibt. Dies kann sich in der äußeren Gestalt, aber auch in der Farbe zeigen. So kann beispielsweise ein Mineral, das eine Farbe hat, die physisch mit einer Organfunktion oder seelisch-geistig mit einer bestimmten Charaktereigenschaft assoziiert wird, die entsprechende Energie als Information an seinen Träger weitergeben. In diesem Zusammenhang ist interessant, daß das alte Wort für „Farbe" ursprünglich eine Eigenschaft, Teil des inneren Wesens von etwas bezeichnete, was noch heute in der Redensart „Farbe bekennen" zum Ausdruck kommt.

Edelsteine besitzen eine sehr hohe Konzentration an Farbschwingungen, die durch Mineralstoffe (meistens Metalle) als Farbträger, durch Einschlüsse oder auch durch optische Brechung entsteht und die von der Form und Größe sowie dem Schliff des Steins abhängig sein kann. Durch das einfache Tragen oder auch das gezielte Auflegen von Edelsteinen kann auf einen Mangel an einer bestimmten Farbenergie eingewirkt und der notwendige Ausgleich hergestellt werden. Ebenso besteht die Möglichkeit, diese Energie in Form von Edelsteinwasser, Essenzen oder Elixieren zu sich zu nehmen (siehe dazu das Kapitel „Heilen mit Edelsteinen").

Die Lithotherapie oder Steinheilkunde hat eine alte Tradition. Bei Steinen von derselben Farbe lassen sich fast immer ähnliche Wirkungen auf den Menschen feststellen, und diese wiederum können aus der Symbolfarbe des zu behandelnden Organs abgeleitet werden. Zum Beispiel gelten Rubin, Hämatit und Koralle seit alters her als Heilmittel bei Herz- und Kreislaufbeschwerden, Aquamarin, Smaragd und Saphir bei Augenkrankheiten und Bernstein, Topas und andere gelbe Steine zur Entgiftung von Leber und Galle.

Nachfolgend ein zusammenfassender Überblick über die Eigenschaften der verschiedenen Farben, die mit ihrer Schwingung korrespondierenden Edelsteine und ihre Anwendungsbereiche.

Rot

Die Farbe Rot entspricht dem vitalen Lebensstrahl mit hauptsächlichem Einfluß auf den physischen Körper. Der Schlüssel für seine Heilwirkung ergibt sich aus seiner Symbolik für „Feuer" und „Blut". Es belebt, aktiviert, schenkt Wärme und Energie, bekämpft alles Kalte und Erstarrte, wirkt kräftigend und anregend. Auf der seelisch-geistigen Ebene fördert es Ausdauer und Mut, Großzügigkeit und schöpferische Kraft sowie das „innere Feuer“ der Liebe.

Edelsteine:

Granat, Rubin, Hämatit, Achat, roter (Blut-)Jaspis, Koralle.

Anwendungsbereiche:

Rote Steine wirken vor allem auf der physischen Ebene, durch die Verbindung mit Blut bei Blutkrankheiten, zu niedrigem Blutdruck, Durchblutungsstörungen, Hämoglobinbildung (Anämie), außerdem allgemein bei Herzproblemen. Sie fördern die Wundheilung und Narbenbildung und wirken antiseptisch, lindernd bei Rheuma und Muskelzusammenziehungen durch Wärmewirkung. Sie regen die Sinnesempfindungen und die Nerven an und sind gut gegen Schwäche, Apathie, Schüchternheit, Ängste und Depressionen einzusetzen. Allgemein stärken sie den Überlebens-Willen und die Durchsetzungskraft; außerdem wird ihnen eine aphrodisierende Wirkung nachgesagt.

Rosa

Als die Verbindung von Rot (Liebe) und Weiß (Reinheit) besitzt Rosa eine sehr zarte Schwingung. Es hat eine, wenn auch sanftere Wirkung als Rot auf das Herz, wirkt ausgleichend und harmonisierend. Besonders wird sein positiver Einfluß auf die Emotionen hervorgehoben, denn es wirkt gegen Groll und schenkt Sanftmut, auch eine mehr zärtliche und mitfühlende Liebe.

Edelsteine:

vor allem Rosenquarz und rosafarbene Varietäten, wie rosa Turmalin etc.

Anwendungsbereiche:

Rosafarbene Steine helfen bei „Herzschmerzen" auf verschiedenen Ebenen. Außerdem wirken sie lindernd bei Verspannungen und Verkrampfungen. Eine negative und ärgerliche Geisteshaltung, Angst und Ablehnung werden durch sie positiv beeinflußt.

Orange

Diese Farbe setzt sich aus der roten und gelben Farbschwingung zusammen. Damit liegt sie in der Mitte zwischen dem physischen und dem mentalen Bereich, und ihre Energie ist sehr gut dafür geeignet, Blockierungen abzubauen und Grenzen zu überschreiten. Orange macht offen und heiter, stärkt die Lebensfreude, aber auch die mehr nach innen gewandte stille Freude, schenkt Begeisterungsfähigkeit und den Mut zu Neuem.

Edelsteine:

vor allem Karneol, Varietäten von Jaspis und Topas, orangefarbener Saphir, Feueropal, Zirkon.

Anwendungsbereiche:

Orangefarbene Steine wirken bei Verdauungsstörungen (Nährstoffaufnahme) und haben allgemein eine krampflösende und durchblutungsfördernde Wirkung. Sie beheben Energiemangelzustände aller Art und helfen bei Allergien, außerdem wirken sie positiv gegen Lethargie, Erschöpfung und Schläfrigkeit.

Gelb

Gelb gilt als Symbolfarbe für Wissen und geistige Erkenntnis, doch durch seine Assoziation mit der Sonne und – materiell wie spirituell – mit Gold ist es traditionell auch als Farbe des Lebens überliefert, was sich in seiner Beziehung zum Solarplexus ausdrückt. Geistig hat Gelb mit zielgerichtetem Denken, Expansion und der Kraft zur Verwirklichung zu tun. Auf der physischen Ebene ist es allgemein mit der Körperenergie, dem Stoffwechsel (Magen, Milz, Bauchspeicheldrüse, Leber und Galle) und dem vegetativen Nervensystem verbunden.

Edelsteine:

Bernstein, Citrin, Tigerauge, Topas sowie die gelben Jaspis- und Turmalin-Varietäten.

Anwendungsbereiche:

Gelbe Steine wirken anregend, aber nicht erregend, sie tonisieren und kräftigen. Durch die stimulierende Wirkung auf das Nervensystem und die damit einhergehende Stärkung der Nerven kann Stimmungsschwankungen und Depressionen besser begegnet werden. Gleichzeitig wird der neuromuskuläre Tonus unterstützt. Auf alle Organfunktionen im Bereich des Solarplexus zeigt sich ein positiver Einfluß, zum Beispiel bei Magen- und Darmbeschwerden, Nieren- und Gallensteinen, Verstopfung etc.

Grün

Grün liegt in der Mitte des Spektrums zwischen den warmen und kalten Farben, dementsprechend ist es eine Farbe des Ausgleichs und der Harmonie. Es wirkt sehr beruhigend und entspannend, aber auch erfrischend und regenerierend, da es mit den Kräften der Natur in Verbindung steht. Als solches ist es in besonderem Maße zur Heilfarbe geeignet und sorgt für eine Ausgewogenheit zwischen Körper und Geist und den verschiedenen feinstofflichen Körpern. Die grünen Farbenergien schenken nicht nur Lebenskraft, sondern stärken auch den Lebenswillen. Besonders ist die Wirkung auf Herz und Nerven sowie, als Komplementärfarbe von Rot, auf den Blutkreislauf zu erwähnen.

Edelsteine:

Malachit, Smaragd, Amazonit, Aventurin, Beryll, Chrysopras, Jade, Nephrit, Olivin, grüner Turmalin, grüner Chalcedon und Türkis.

Anwendungsbereiche:

Grüne Steine haben eine allgemein beruhigende Wirkung auf den Organismus und das Gemüt und sind besonders einzusetzen bei Herz- und Nervenproblemen, bei Unruhe und Schlafstörungen, aber auch bei Erschöpfung und Schläfrigkeit am Tag. Sie wirken allgemein entschlackend und entgiftend, auch auf Leber und Galle und helfen bei Allergien, Asthma und Erkrankungen der Atemwege.

Blau

Zu unterscheiden ist zwischen Hell- oder Himmelblau und Dunkelblau oder Indigo. Beide Nuancen sind ihrem Wesen nach jedoch sehr ähnlich: Sie haben mit Himmel und Meer, Ruhe und Frieden, Geist und Klarheit zu tun. Das hellere Blau ist mehr mit der Vermittlung und Kommunikation nach außen verbunden, das dunklere mit innerer Erkenntnis, Intuition und Inspiration. Auf der körperlichen Ebene besteht bei beiden eine besondere Beziehung zum Kopf, vor allem zu den Augen, aber auch zum Nervensystem, wobei Indigo noch beruhigender wirkt und eine tiefere Entspannung herbeiführt.

Hellblaue Edelsteine:

Aquamarin, Chalcedon, Mondstein, Opal, Saphir, Türkis.

Dunkelblaue Edelsteine:

Lapislazuli, Saphir, blauer Turmalin (Indigolith), Falkenauge.

Anwendungsbereiche:

Blaue Edelsteine wirken allgemein beruhigend und schmerzstillend, auch fiebersenkend und entzündungshemmend, kühlend und antiseptisch. Die positive Wirkung auf die Augen wurde schon erwähnt; hinzu kommen Hals, Schilddrüse und der gesamte Kopfbereich. Bei Überreizung, Schlaflosigkeit und ähnlichen Symptomen sowie auch bei Angstzuständen wird durch den beruhigenden Einfluß auf die Nerven emotionale Ausgeglichenheit und geistige Ruhe aufgrund von tieferer Einsicht gefördert.

Violett

Violett ist eine sehr hohe, als spirituell zu bezeichnende Farbschwingung, die mit intuitiver Innenschau sowie übersinnlicher Wahrnehmung zu tun hat. Sie hat einen tiefen, heilenden Einfluß auf die Seele und das Unbewußte und wird daher bevorzugt bei psychischen Störungen eingesetzt, übt jedoch auch auf der körperlichen Ebene eine regulierende Wirkung aus.

Edelsteine:

Amethyst, Sugilith.

Anwendungsbereiche:

Durch ihren Einfluß auf nervöse Zustände von innerer Erregung und Unruhe helfen violette Steine gut bei Schlaflosigkeit, gegen Kopfschmerzen, Migräne und Neuralgien. Eine regulierende Wirkung ist besonders für Milz, Herz und Lymphe zu erwähnen. Von den violetten Steinen heißt es auch, daß sie die Ursachen von Problemen und Krankheiten erkennen lassen und tiefgreifende Veränderungen fördern.

Weiß

Entsprechend der Farbsymbolik versinnbildlichen weiße oder durchscheinende Steine auf der geistigen Ebene Reinheit und Klarheit. Sie sind sehr vielseitig zu Heilzwecken einzusetzen, da sie den Anstoß zu entsprechenden geistigen Prozessen geben können.

Edelsteine:

Bergkristall, Diamant, Perle, Varietäten von Opal (schillernd auch Chalcedon).

Anwendungsbereiche:

Allgemein lösen solche Steine energetische Blockaden auf und stellen wieder einen Zustand der Ausgewogenheit her. Sie haben eine lindernde Wirkung auf Kopfschmerzen und Augenprobleme und stärken die Sinneswahrnehmungen und die Nerven. Bei diesen Steinen ist auf eine sorgfältige Reinigung zu achten, da sie negative oder fremde Schwingungen in besonderer Weise aufzunehmen vermögen.

Schwarz

Schwarz ist die symbolische Farbe für Dunkelheit, Nacht und Tod, aber auch für Tiefe, Konzentration, das Weibliche und Mutter Erde. So werden schwarze Steine bevorzugt zur Erdung verwendet, wobei ihnen überraschenderweise eine ähnliche Funktion wie der Farbe Rot zugeschrieben wird (vgl. Rot und Schwarz als Farbzuordnungen zum Wurzelchakra).

Edelsteine:

Obsidian, Onyx, schwarzer Turmalin (Schörl); schwarzbraun: Achat, Morion (dunkler Rauchquarz).

Anwendungsbereiche:

Schwarze Steine finden, außer zur „Erdung", Stärkung des Willens und des Realitätssinns, vor allem auch als Schutzsteine Verwendung. Auf der physischen Ebene stärken schwarze (oder sehr dunkle) Steine die Gelenke und Knochen, energetisch lösen sie Blockaden auf, und geistig wirken sie unterstützend bei der Auseinandersetzung mit dem eigenen Schatten.

Kapitel 4: Astrologische Einflüsse und Edelsteine

Eine Beziehung von Mineralien und Metallen zu den Gestirnen wurde schon in den ältesten Kulturen hergestellt, so im Zweistromland, in Ägypten und in Indien. Wahrscheinlich wurde das astrologische System ursprünglich von den Sumerern begründet. Aus dem Lauf der Sonne erschlossen sie den Einfluß der Gestirne auf die Natur und den Menschen, und daraus suchten sie auch die Wirkung von Steinen abzuleiten.

In Ägypten wurden Steine ebenfalls in einer engen Beziehung zu den Sternen und zur jenseitigen Welt gesehen. Die Verehrung heiliger Steine als himmlische Manifestation setzte sich über die antiken Kulturen Griechenlands und Roms bis in die christlich-abendländische Philosophie fort, wo beispielsweise die zwölf Steine aus der „Apokalypse" den zwölf Tierkreiszeichen zugeordnet wurden. In unserer Zeit sind diese Zusammenhänge von der Anthroposophie weiter erforscht worden.

Von außereuropäischen Ländern ist vor allem noch Indien zu erwähnen, wo eine uralte Überlieferung von günstigen oder unheilvollen Einflüssen der Edelsteine durch Heranziehung der Astrologie und Heilkunde entstanden ist, die noch heute in der ayurvedischen Medizin lebendig ist (siehe dazu auch das Kapitel „Heilen mit Edelsteinen").

Die Edelsteine wurden mit den Planeten und den Tierkreiszeichen assoziiert, und für den Geburtsmonat sowie auch die einzelnen Wochentage wurden sogenannte „Glückssteine“ bestimmt. Diese innere Entsprechung zwischen Mineral und Gestirn beruht wiederum auf dem bereits erwähnten Gesetz der Analogie *Wie oben, so unten* und der Signaturenlehre; in der Alchemie sind Steine sogar als „Sterne der Erde“ oder „Elementarsterne“ bezeichnet worden. Nach dieser Lehre ist jedes Mineral eine Verdichtung von Einflüssen derjenigen Planeten bzw. Tierkreiszeichen, die eine gleichgeartete Schwingung haben. Durch ihre Verbindung zu den Planeten besitzen die Steine die Fähigkeit, deren Einflüsse anzuziehen und deren Energie an ihren Träger weiterzugeben. Die Entsprechung läßt sich in der Regel aus der Farbe des Steins ableiten, da auch jedem Gestirn seit alters her eine bestimmte Farbe und eine damit verbundene Symbolik zugeordnet wurde.

Diese Zuordnung ist allerdings nicht immer unbedingt schlüssig oder eindeutig; es gibt Abweichungen bzw. Überschneidungen aufgrund von energetischen Einflüssen. So wird zum Beispiel der Rubin durch seine rote Farbe mit dem Planeten Mars und dem Tierkreiszeichen Widder assoziiert, doch seine ausstrahlende warme Energie verbindet ihn auch mit der Sonne und dem Tierkreiszeichen Löwe. Schillernde Steine von veränderlicher Farbe, auch „Chamäleon-Steine“ genannt, wie beispielsweise der Opal, gehören einerseits zum Merkur-Prinzip und damit zu den Tierkreiszeichen Zwillinge und gegebenenfalls Jungfrau; andererseits werden diese opaleszierenden vielfarbigen Varietäten aber auch dem schillernden Neptun und den Fischen zugeordnet usw. Dies ist bei der nachfolgenden Übersicht der Entsprechungen, die nur als allgemeine Richtschnur dienen kann, unbedingt zu beachten. Letztlich gilt, daß ein Stein, sofern er nicht therapeutisch aufgrund von Krankheitssymptomen oder durch Auspendeln ermittelt wird, am besten intuitiv auszuwählen ist.

Widder

Planet:	Mars („Tagseite“)
Farbe:	rot
Metall:	Eisen
Edelsteine:	Rubin, Karneol, Feueropal, Blutjaspis, Granat und rote Koralle.

Stier

Planet:	Venus
Farben:	grün und rosa
Metall:	Kupfer
Edelsteine:	Aventurin, Malachit, Smaragd, Jade; Rosenquarz, heller Achat und Saphir.

Zwillinge

Planet:	Merkur
Farben:	grau, durchscheinend oder schillernd („opaleszierend“)
Metall:	Quecksilber
Edelsteine:	Opal, Moosachat, Falkenauge und Tigerauge.

Krebs

Planet:	Mond
Farben:	weiß, milchig und irisierend
Metall:	Silber
Edelsteine:	Mondstein, Perle, Bergkristall, Chalcedon.

Löwe

Planet:	Sonne
Farben:	weiß, gelb, gold
Metall:	Gold
Edelsteine:	Diamant, Bernstein, Citrin, Goldtopas, Zirkon, Sonnenstein.

Jungfrau

Planet: Merkur
Farben: gelblich-grün und opaleszierend
Metall: Messing (nach augenblicklichem Wissensstand)
Edelsteine: Opal, heller Rauchquarz; Topas, gelber Achat, gelber Saphir und Jaspis-Arten.

Waage

Planet: Venus
Farben: grün und blau
Metall: Kupfer
Edelsteine: Smaragd, Malachit, Jade, Nephrit; Aquamarin, blauer Topas, blauer Turmalin (Indigolith), Lapislazuli.

Skorpion

Planet: Mars („Nachtseite") und Pluto
Farben: dunkelrot, schwarz und violett
Metall: Eisen und Plutonium

Edelsteine: Hämatit, rote Koralle, Jaspis, Karneol, schwarzer Edelopal, Obsidian, schwarzer Turmalin (Schörl) und Amethyst (Transformation).

Schütze

Planet: Jupiter
Farben: blau und blaugrün
Metall: Zinn
Edelsteine: Lapislazuli, Saphir, Türkis, Aquamarin, blauer Topas und Chalcedon.

Steinbock

Planet: Saturn
Farben: schwarz und violett
Metall: Blei
Edelsteine: Onyx, schwarzer Turmalin (Schörl), schwarze Perle, schwarze Koralle, Rauchquarz (Morion), Obsidian und Amethyst (Konzentration).

Wassermann

Planet:	Uranus
Farbe:	blaugrün
Metall:	Zink
Edelsteine:	Türkis, Aquamarin, Saphir und Amazonit.

Fische

Planet:	Neptun
Farben:	blau, blaugrün, violett und opaleszierend
Metall:	Aluminium
Edelsteine:	Jade, Türkis, Labradorit, Aquamarin; Amethyst; Opal und blauer Mondstein.

Wer sich diese Entsprechungen genauer ansieht, wird unschwer feststellen, daß einige Steine mehreren Tierkreiszeichen und sogar Planeten zugeordnet werden, was sich unter anderem daraus erklärt, daß ein Stein nicht alle unterschiedlichen Facetten eines Tierkreiszeichens abdecken muß bzw. auch der Stein von einer vielseitig schillernden Natur sein kann. Außerdem ist zu bedenken, daß bei der Auswahl eines Steins nicht unbedingt das Sonnenzeichen des Trägers den Ausschlag geben sollte – zumindest dann nicht, wenn die Ichkräfte gut ausgebildet sind, oder besser nicht noch verstärkt oder zusätzlich aktiviert werden sollen. Dies gilt übrigens auch für den Aszendenten. Ein ohnehin schon feuriger Widder-Typ sollte daher nicht noch einen Feueropal oder Blutjaspis tragen, sondern beispielsweise Geduld durch einen Amethyst oder Einfühlungsvermögen durch einen Rosenquarz stärken.

Auch andere Einflüsse im Horoskop sollten mit einbezogen werden. Obwohl häufig Steine bevorzugt werden, die einem günstig aspektierten Planeten entsprechen, kann es durchaus sinnvoll sein, durch einen nach astrologischen Gesichtspunkten oder auch intuitiv ausgewählten Stein eine problematische, geschwächte oder verdrängte Planetenenergie im Horoskop zu stärken. Dies entspricht auch der Verwendung von Steinen zu Heilzwecken, wobei eine blockierte oder fehlende Energie ausgeglichen wird. Außer dem bereits erwähnten feurigen Widder, der auf einen roten Stein nicht angewiesen ist, sollte beispielsweise ein saturnischer Mensch, der ohnehin schon eine Neigung zur Melancholie haben mag, nicht auch noch einen schwarzen Onyx tragen, der solche Schwingungen anzieht und unterstützt, sondern vielleicht einen blauen Jupiter-Stein wie den Lapislazuli, der statt dessen Fröhlichkeit und Optimismus fördert. Ein unter diesen Gesichtspunkten ausgewählter Stein könnte als „Kompensationsstein" dienen.

Allgemein sollte die Wahl von Edelsteinen nicht statisch sein, sondern dazu beitragen, Schwächen in Stärken zu transformieren und uns in unserer Entwicklung zu begleiten.

Auch in anderer Hinsicht besteht noch eine Verbindung zwischen Steinen und Gestirnseinflüssen. Wie wird aus einem Stein ein persönlicher Talisman, der als Schutz und Glücksbringer dient? Schon früher wurden Steine zu diesem Zwecke magisch aufgeladen. Außer dem Wissen um Zahlenmagie und Symbolik waren hierfür auch Kenntnisse in der Astrologie von Nutzen. Man wußte, daß Mineralien Schwingungen der entsprechenden Gestirne um so besser aufnehmen konnten, wenn sie während besonderer Planetenstunden bearbeitet wurden. Schon bei den alten Ägyptern und Griechen hatte nicht nur jeder Wochentag einen Planetenherrscher, nämlich:

Montag	–	Mond
Dienstag	–	Mars
Mittwoch	–	Merkur
Donnerstag	–	Jupiter
Freitag	–	Venus
Samstag	–	Saturn
Sonntag	–	Sonne

Außerdem war auch jede Stunde des Tages und der Nacht einem solchen Planetenherrscher geweiht. Dieser Planetenherrscher regiert die erste Stunde des ihm zugeordneten Tages. Für die weiteren Stunden gilt die Reihenfolge: Saturn - Jupiter - Mars - Sonne - Venus - Merkur - Mond. So kann ein Stein, wenn der Planetenherrscher des Sonnenzeichens entsprechend einbezogen wird, zu einem persönlichen Talisman aufgeladen werden.

Auch bei dem, was heute „Programmierung" der Steine genannt wird, spielen zumindest die Lichter von

Sonne und Mond eine Rolle. Damit ein Stein nicht nur als Schmuckstück, sondern auch zu Heilzwecken Verwendung findet, sollte er nach gründlicher Reinigung in Wasser mit oder ohne Salz im Sonnen- oder Mondlicht aufgeladen werden. Die Zuordnung hat mit seiner eigenen – solaren oder lunaren – Natur zu tun. Zu den Steinen, die Sonnenlicht brauchen, gehören zum Beispiel so unterschiedliche Steine wie Bergkristall, Hämatit und Türkis, während Amethyst, Malachit und Rosenquarz Mondlicht benötigen (siehe dazu auch das Kapitel „Das Reinigen und Aufladen von Edelsteinen“).

Kapitel 5: Die praktische Anwendung von Edelsteinen als Schutz-, Kraft- und Heilsteine

Heilen mit Edelsteinen

Die Pioniere der modernen Steinheilkunde dürften von manchen ihrer „wissenschaftlichen" Kollegen eher spöttisch oder mitleidig belächelt worden sein. Doch können heute mit Methoden der modernen Physik die Wirkungen von Edelsteinen auch wissenschaftlich nachgewiesen werden, wodurch sich altes therapeutisches und esoterisches Wissen bestätigen läßt.

Die Erklärung für die Heilkraft von Steinen ergibt sich aus ihrer elektrischen Ladung und Strahlung und deren Wirkung auf das elektromagnetische Feld des Menschen. Die Steine unterscheiden sich nach ihrer geologischen Entwicklung und inneren Struktur, nach ihren mineralischen Bestandteilen und ihrer Farbe etc. Sie strahlen die in ihnen enthaltene Information ständig aus, und dieser Einfluß wirkt auf das menschliche Energiefeld ein und verändert seine Ausstrahlung.

Zusammengefaßt (und etwas vereinfacht) kann man sagen, daß durch Schwingungsresonanz und Harmonie im Körper Heilungsprozesse angeregt werden. Während eine Krankheit oder Schwäche das Gleichgewicht stört und instabile Schwingungen im Körper auslöst, können Edelsteinschwingungen durch die Übertragung bestimmter Informationen, die in ihren eigenen Schwingungs- und Energiemustern enthalten sind, Veränderungen im Energiefeld auslösen und zu Reaktionen auf der körperlichen, aber auch der geistig-seelischen Ebene führen, welche die mögliche Heilwirkung der Steine begründen. Die Edelsteintherapie ist damit eine ganzheitliche Heilmethode und unterstützt den Menschen darin, sein physisches *und* psychisches Gleichgewicht, also die Harmonie von Körper und Geist, wiederzuerlangen.

Für den Gebrauch von Edelsteinen zu Heilzwecken gibt es verschiedene Anwendungsformen. Für die Auswahl ist die eigene Intuition immer noch eines der besten Mittel, das Sie sich allerdings auch durch die Zuhilfenahme eines Pendels bestätigen lassen können. Eine der einfachsten Möglichkeiten ist sicherlich das Tragen von Edelsteinen als Schmuck, sei es als Anhänger, Kette oder Ring. Oder Sie können die Steine, beispielsweise Trommelsteine oder „Handschmeichler", in der Hosen- bzw. Rocktasche tragen.

Die Steine können auch auf die belastete oder schmerzende Körperstelle aufgelegt werden, und zwar entweder direkt auf die Haut oder auch auf die Kleidung, die allerdings zu diesem Zweck nicht zu farbig sein sollte. Bei dieser Anwendungsform ist es besonders wichtig, beim Gebrauch auf sorgfältig gereinigte Steine zu achten. Auch hier sind Trommelsteine wegen ihrer gleichmäßigen Energieschwingung sehr zu empfehlen; allerdings haben unbearbeitete Rohstücke oder bestimmte Schliffe, beispielsweise in Form einer Pyramide oder

Kugel, oft eine stärkere und daher stimulierendere Ausstrahlung. Eine Sonderform ist das Auflegen auf die sieben Hauptenergiezentren (Chakren) des Körpers, wobei jedem Chakra eine, teilweise auch zwei Farben zugeordnet sind. In einem späteren Kapitel („Chakren und Edelsteine") gehe ich auf diese Zusammenhänge noch näher ein.

Es gibt auch eine alte Tradition der Verwendung von Edelsteinwasser als Trinkelixier. Hierfür werden die gut gereinigten Heilsteine mehrere Stunden lang in ein möglichst mit Quellwasser gefülltes Glasgefäß gelegt. Die meisten Edelsteine geben ihre magnetische Kraft ins Wasser ab, und diese wird beim Trinken dann vom Organismus aufgenommen. Sonnenlicht verstärkt die aktivierende Wirksamkeit der Steine, während beruhigende Qualitäten durch eine Zubereitung im Mondlicht (nicht bei Neumond oder abnehmendem Mond) gefördert werden. Edelsteinwasser kann aber nicht nur getrunken werden, sondern ist auch als Tee- oder Badewasserzusatz zu benutzen, kann für Kompressen verwendet oder direkt auf die betroffene Körperstelle aufgetragen werden.

Mit einem etwas größeren Aufwand kann man auch selbst eine Edelsteinessenz herstellen. Hierfür wird der ausgewählte Stein sieben Tage in destilliertes Wasser, Öl oder Alkohol gelegt. Diese aufgeladene Flüssigkeit kann entweder direkt in die Haut eingerieben oder ein Tropfen davon in Wasser oder Milch wie eine homöopathische Arznei eingenommen werden. Wie bei einer Urtinktur können auch Globuli (Streukügelchen aus Milchzucker) damit präpariert werden.

Früher wurden die Steine für den medizinischen Gebrauch bevorzugt durch den Prozeß der Verreibung in ein feines Pulver verwandelt, das so beschaffen sein mußte, daß es nicht zwischen den Zähnen knirschte und bei richtiger Zubereitung wie „Veilchenduft im März" gerochen haben soll. Alchemistische und spagyrische Methoden kamen hierbei zur Anwendung. Die Einnahme von Edelsteinen in pulverisierter Form blieb natürlich aus Kostengründen nur einer kleinen privilegierten Oberschicht vorbehalten - zumal der kostbare Stein sich bei dieser Verwendung buchstäblich zu Staub auflöste.

Die Steinheilkunde ist hier im Westen erst in relativ neuerer Zeit wieder etwas in Gebrauch gekommen, doch im Orient und ganz besonders in Indien ist sie eine lebendige ungebrochene Überlieferung. In der traditionellen hinduistischen Medizin, dem *Ayurveda* (wörtlich „Wissenschaft vom Leben"), das auf altindischen heiligen Schriften beruht und bis heute offiziell an Hochschulen gelehrt und in Kliniken praktiziert wird, werden Edelsteine sehr häufig zu Heilzwecken verwendet, und zwar in Form von *Bhasmas*: der pulverisierten Asche aus verbrannten Steinen. Die Eigenschaften und Heilwirkungen, die innerhalb dieser Überlieferung den unterschiedlichen Mineralien zugeschrieben werden, stimmen weitgehend mit den Aussagen der alten europäischen Lapidarien überein. Nachfolgend einige Beispiele für die Vielfalt der Anwendungsmöglichkeiten:

Diamant-Asche bei:

Tuberkulose, Schwellungen, Geschlechtskrankheiten und Sterilität.

Korallen-Asche bei:

Blutkrankheiten, Geschlechtskrankheiten, Leberproblemen, Gelbsucht, Verstopfung, Parasiten sowie Nieren- und Blasenbeschwerden.

Mondstein-Asche bei:

Lähmungen, Schlaganfällen, evtl. auch bei Tumoren und psychischen Störungen.

Perlen-Asche bei:

Husten, Fieber, Herzflimmern, Alkoholismus, Frigidität und Impotenz.

Rubin-Asche bei:

Tuberkulose, Koliken, Geschwüren, Leberbeschwerden, Verstopfung, Herzbeschwerden, Fieber und allgemeinen Schmerzen.

Saphir-Asche bei:

vergrößerter Milz, Lähmungserscheinungen, Nervenkrankheiten und Gemütsleiden.

Smaragd-Asche bei:

Appetitmangel, Verdauungsstörungen, Koliken, Schwellungen, Geschwüren, Stottern, Taubheit und Asthma.

Kleiner therapeutischer Index

In diesem Buch werden die einzelnen Heilwirkungen in Kapitel 7, dem „Edelstein-Lexikon", jeweils unter dem betreffenden Stein näher beschrieben. Die folgende Zusammenfassung soll anhand der geläufigsten Symptome einen ersten allgemeinen Überblick über die Heilanwendung vermitteln.

Allergien:

Aquamarin (Heuschnupfen), Chrysopras (Haut) und Bergkristall.

Atemwege:

Amethyst und Smaragd.

Augen:

Achat, Aquamarin, Beryll und Smaragd.

Blutkreislauf:

Amazonit, Granat, Hämatit, Jaspis, Koralle, Obsidian und Rubin.

Depressionen:

Bernstein, Citrin, Diamant, Saphir und Sonnenstein.

Energiemangel:

Jaspis, Topas und Turmalin.

Fieber:

Bergkristall, blauer Chalcedon und Saphir.

Halsschmerzen:

blauer Chalcedon, Heliotrop, Lapislazuli und blauer Turmalin (Indigolith).

Herz:

Amazonit, Aventurin, rosa Chalcedon, Granat und Heliotrop, Rosenquarz, Smaragd, rosa und hellgrüner Turmalin.

Kopfschmerzen/Migräne:

Amethyst, Smaragd und Sugilith.

Leber/Galle:

Amazonit, gelber Jaspis, Malachit, Olivin/Peridot, Smaragd, Türkis und Zirkon.

Magen/Darm:

Achat, Bernstein, Citrin, Jade, Malachit und Türkis.

Nieren:

Bernstein, Jade, Nephrit, Malachit, grüner Opal und Türkis.

Schlafstörungen:

Amethyst, Aventurin, Chrysopras und Smaragd.

Strahlungsschäden (Computer):

Rauchquarz, Rosenquarz und schwarzer Turmalin (Schörl).

Wundheilung:

Achat, Bergkristall, Granat, Hämatit, Obsidian und Rauchquarz.

Andere feinstoffliche Anwendungsbereiche von Edelsteinen

Chakren und Edelsteine

Die Chakren (oder Chakras) sind feinstoffliche Energiezentren des menschlichen Körpers. Sie sind bei uns vor allem durch die altindische Überlieferung des Tantra und Ayurveda bekannt geworden. Die Übersetzung des Sanskrit-Wortes *chakra* bedeutet „Rad des Lichtes“, denn jedes Chakra ist ein sich drehendes, farbiges und elektromagnetisches Feld, das die Aufnahme und Abgabe der Lebensenergie steuert. Die sieben Hauptchakren sind entlang der Wirbelsäule angeordnet; ihre Gesamtheit bildet die Aura des Menschen. Dieses Wissen ist nicht auf Indien beschränkt: Es ist ebenso aus der Tradition der Tibeter sowie der Indianer überliefert, hier vor allem von den Hopis und Navahos, und auch die biblischen

„sieben Siegel am Rücken des Buches des Lebens“ sowie die „sieben Zentren in der Seele des Menschen“ aus der Kabbala sind damit gleichgesetzt worden.

Jedes dieser sieben Energiezentren steht mit einem bestimmten Körperbereich, einem Organ und dem endokrinen Drüsensystem in Verbindung und erfüllt eine eigene Funktion. Außerdem korrespondiert es mit bestimmten energetischen Schwingungen und Farben, und deshalb können ihm aktivierende, beruhigende oder allgemein ausgleichende Steine zugeordnet werden. Nachfolgend wird eine Übersicht der Chakren, mit ihrer Funktion, der entsprechenden Symbolfarbe und den damit korrespondierenden Edelsteinen gegeben.

Wurzelchakra

Lage: zwischen Anus und Genitalien (Steißbein)
Organverbindung: Anus, Darm, Wirbelsäule, Knochenbau, Blut, Zellwachstum
Endokrines System: Nebennieren
Funktion: stabilisierend und erdend
Farben: rot, auch schwarz (Saturn)
Edelsteine: **Jaspis**, Hämatit, Granat, Rubin, Koralle, Onyx, Obsidian
Naturerfahrung/Meditation: Morgen- und Abendrot

Sakralchakra

Lage: am oberen Teil des Kreuzbeins
Organverbindung: Sexualorgane, Nieren und Blase, Blut und Lymphe
Endokrines System: Keimdrüsen
Funktion: Wachstum – energetisierend und reinigend
Farbe: orange
Edelsteine: **Karneol**, Feueropal, orangefarbener Mondstein
Naturerfahrung/Meditation: Mondlicht

Nabelchakra

Lage: im Solarplexus, zwei Finger breit über dem Nabel
Organverbindung: Verdauungssystem (Magen, Milz, Leber, Galle)
Endokrines System: Bauchspeicheldrüse
Funktion: Geisteskraft – umwandelnd und ausstrahlend
Farbe: gelb
Edelsteine: **Citrin**, Bernstein, Goldtopas, Tigerauge
Naturerfahrung/Meditation: Sonnenlicht

Herzchakra

Lage: in der Mitte des Brustkorbs, am Brustbein
Organverbindung: Herz, Blut- und Kreislaufsystem, Haut, Lungen
Endokrines System: Thymusdrüse
Funktion: Liebe und Harmonie – öffnend und verbindend
Farben: grün und rosa
Edelsteine: grüne Steine (Harmonie) – **Malachit**, Smaragd, Chrysopras, Peridot, Jade, Aventurin, Amazonit, grüner Turmalin;
rosafarbene Steine (Mitgefühl) – **Rosenquarz**, rosa Koralle, rosa Turmalin (Rubellit)
Naturerfahrung/Meditation: die unberührte Natur

Halschakra

Lage: am Kehlkopf
Organverbindung: Atmungsorgane, Bronchien, Kehle, Kiefer und Lymphsystem
Endokrines System: Schilddrüse
Funktion: Kreativität fördernd und kommunizierend
Farbe: hellblau
Edelsteine: **Chalcedon**, Aquamarin, Türkis, blauer Mondstein, Opal
Naturerfahrung/Meditation: blauer Himmel

Stirnchakra

Lage: zwischen den Augenbrauen („Drittes Auge“)
Organverbindung: Sinnesorgane, Kleinhirn
Endokrines System: Hypophyse
Funktion: Intuition – erkennend
Farbe: dunkelblau (Indigo)
Edelsteine: **Lapislazuli**, Saphir, blauer Turmalin (Indigolith), Falkenauge
Naturerfahrung/Meditation: Nachthimmel

Scheitelchakra

Lage: am Scheitelpunkt des Kopfes (Fontanelle)
Organverbindung: Großhirn
Endokrines System: Epiphyse
Funktion: reines Bewußtsein – transzendierend
Farben: violett und weiß (transparent)
Edelsteine: **Amethyst**, Sugilith, Bergkristall, Diamant
Naturerfahrung/Meditation: Berggipfel - offener Raum

Da die Chakren besonders geeignete Kanäle für die Aufnahme von Farbschwingungen sind, läßt sich eine vorhandene Unausgewogenheit, ein Überschuß oder ein Mangelzustand im Energiefluß sehr gut durch eine Kombination aus Stein- und Farbtherapie ausgleichen. Entweder kann ein einzelnes Chakra durch Auflegen des entsprechenden Steines behandelt werden, oder Sie wählen Steine nach den obigen Anregungen für alle sieben Energiezentren aus und verwenden diese gleichzeitig, wobei der Energiefluß durch die Auflösung von Blockaden wohltuend angeregt wird. Wenn Sie dabei ein angenehmes Prickeln oder Wärmegefühl empfinden, ist dies eine wichtige Information für Sie, die Ihnen mitteilt, daß die Energie wieder zu fließen beginnt.

Auch in diesem Falle sollten die Steine vor und nach Gebrauch sorgfältig gesäubert werden. Die Behandlung mit Edelsteinen wirkt reinigend auf den Körper und fördert die Ausscheidung von inneren Giften und Ablagerungen – Stoffe, die natürlich auch von den sensiblen Steinen aufgenommen werden.

Das Heilen mit Edelsteinen läßt sich problemlos mit anderen sanften Therapieformen verbinden. So können beispielsweise Edelsteinelixiere sehr gut mit Blütenessenzen eingenommen werden, da beide vergleichbare Schwingungsträger sind, welche die in ihnen enthaltene Information weitergeben. Dasselbe gilt für das Einreiben der Chakren mit passenden ätherischen Ölen während der Edelsteinbehandlung. Als mögliche Öle werden vorgeschlagen:

Wurzelchakra	–	Nelke
Sakralchakra	–	Neroli
Solarplexus	–	Bergamotte
Herzchakra	–	Rose
Halschakra	–	Lavendel
Drittes Auge	–	Jasmin
Scheitelchakra	–	Lotos

Sehr gut läßt sich die Anwendung von Edelsteinen auch mit einer Reiki-Behandlung kombinieren. Ebenso können die Steine nach der Reinigung durch die Technik des Handauflegens mit der universellen Lebensenergie aufgeladen werden.

Meditieren mit Edelsteinen

Meditation ist ein Mittel zur Bewußtwerdung, und Edelsteine lassen sich gut mit einbeziehen, da sie zur geistigen Konzentration beitragen können. Bei dieser Übung können Sie entweder die Augen offen halten und Ihre Aufmerksamkeit auf einen Kristall richten, oder Sie legen sich einen Edelstein auf eine dafür geeignete Körperstelle und achten auf Ihre damit verbundene Wahrnehmung, wobei Sie die Augen geschlossen halten. Dabei können Sie auch sehr viel über die inneren Kräfte der Steine und ihre Wirkung erfahren. Ein Bergkristall für größere Klarheit, eine Amethystdruse zur gleichzeitig tiefen Entspannung und Konzentration sowie ein unbearbeiteter Rosenquarzbrocken zur Entwicklung von Mitgefühl sind besonders geeignet.

Eine Edelstein-Meditation kann auch als Mittel zur Umwandlung von Negativität eingesetzt werden. Nach einer unangenehmen Erfahrung, die noch lange nachklingt und von der Sie sich geistig nicht lösen können, visualisieren Sie die sieben mit den Chakren korrespondierenden Edelsteine. Fangen Sie mit dem untersten an, visualisieren Sie möglichst genau seine äußere Form, und steigen Sie nach und nach zu dem höchsten Stein auf. Versuchen Sie dabei, gleichzeitig eine Verbindung zu den positiven Eigenschaften und Kräften der Steine herzustellen, und achten Sie darauf, bei welchem Stein Ihr Unmut sich eventuell aufzulösen beginnt. Es ist wichtig, die ihm zugehörige Farbe als passiven Ausdruck seiner Kraft psychisch in sich zu aktivieren, damit eine Umwandlung dieser Energie geschehen kann. Zur Unterstützung können Sie sich auch vorstellen, daß ein Diamant vor langer Zeit einmal nichts anderes als ein einfaches Stück Kohle war, also schwarz, und durch tiefgehende Umwandlungsprozesse zu einem edlen Stein von solcher Klarheit und Transparenz geworden ist, daß er die Fähigkeit besitzt, Sonnenstrahlen brechen zu können. Auch der Vorgang der Kristallbildung eignet sich für die meditative Betrachtung.

Durch die Lichtbrechung bei Kristallen bilden sich konzentrische Formen, den *Mandalas* ähnlich, die unter anderem in den meditativen Traditionen Tibets und Indiens verwendet werden. Die verschiedenen Kreise muß man wie Etappen auf dem spirituellen Weg durchqueren, der schließlich in das innerste Zentrum führt, wo man eins mit der Gottheit wird – oder, bei dem Edelstein, mit der in ihm verborgenen Qualität oder Kraft.

Sie können Edelsteine, die Sie offen in Ihrem Raum aufgestellt haben, auch in einem bestimmten Muster anordnen, etwa in einem Kreis, und durch ein solches „Edelstein-Mandala" positive Schwingungen unterstützen. Hier sind beispielsweise die sieben Chakra-Steine und als Zentrum ein Bergkristall zu empfehlen.

Für eine Anleitung, wie Sie mit den sieben Steinen eines solchen Stein-Mandalas, die auch den sieben Farben des Regenbogens entsprechen, meditieren können, wird auf mein Buch „Farbmeditationen" (siehe Literaturverzeichnis) verwiesen.

Schließlich soll noch ein Beispiel für die Verwendung von Edelsteinen in einer Gruppenmeditation gegeben werden. Dabei geht der gemeinsam ausgewählte Edelstein von Hand zu Hand und wird von jedem Teilnehmer aufgeladen. Am Ende ist die energetische Schwingung eines jeden darin enthalten und ein „Gruppenstein" entstanden. Dieser wird in die Mitte des Kreises gelegt und kann als gemeinsamer Konzentrationspunkt dienen.

Das Tragen von Edelsteinen

Eine sehr einfache und direkte Methode, die positive Strahlung von Edelsteinen auf sich wirken zu lassen, besteht darin, sie als Schmuckstücke, möglichst auf der bloßen Haut, oder in einem dünnen Stoffbeutel unter der Kleidung in Höhe der entsprechenden Körperstelle zu tragen. Obwohl ein Stein, wenn er richtig ausgewählt wird, durch seine Schwingung auch auf eine akute Erkrankung einen positiven Einfluß nehmen kann, wirkt er doch stärker auf den feinstofflichen als auf den physischen Körper. Er sollte daher über längere Zeit auch im Sinne einer psychosomatischen Langzeittherapie getragen werden, um kontinuierlich nicht nur auf den Körper, sondern sozusagen auch auf die geistig-seelische „Schwachstelle“ einzuwirken.

Die Einbeziehung von astrologischen Einflüssen, dem Konstitutionstyp, persönlichen Symbolen oder Zahlen kann aus einem einfachen Stein an einem Anhänger auch einen Talisman oder ein Amulett machen und in dieser Form nicht nur Heilungsimpulse vermitteln, sondern auch als Schutz- und Kraftstein oder als „Glücksbringer“ dienen und entweder positive Energien anziehen oder negative Kräfte abwehren.

Dies ist eine alte Tradition, die sich einst aus einer magischen Weltsicht oder vor einem religiösen Hintergrund entwickelte, aber bis heute ihre Faszination für den Menschen nicht eingebüßt hat. Nicht zufällig, sondern als Ausdruck einer tieferen Symbolik wurden früher mit wertvollen Edelsteinen besetzte Schmuckstücke als Ausdruck von Würde und Autorität getragen: Eine Krone aktivierte das Scheitelchakra, ein Diadem das Stirnchakra oder „Dritte Auge“ seines königlichen Trägers.

Solche Schmuckstücke, bei denen astrologisch ausgewählte Steine mit dem korrespondierenden Edelmetall kombiniert werden, sollten am besten als Ring, Halskette oder Anhänger auf der bloßen Haut getragen werden, können aber auch in einem Beutel oder in der Tasche mitgeführt werden. Beim Tragen der Steine in Form eines Ringes oder Anhängers sollte darauf geachtet werden, daß diese durch ihre Fassung nicht zum Körper hin geschlossen sind, wodurch sich ihre Wirkung abschwächt. Bei einem Anhänger kann durch die Länge der Kette oder auch des Lederbandes bestimmt werden, ob der Stein in Höhe des Halses, des Herzens oder des Nabels (Solarplexus) hängt und auf welche Energie dadurch eingewirkt werden soll.

Halsketten können aus einer Steinart oder auch verschiedenen, aufeinander abgestimmten Steinsorten bestehen. Gute – und auch ästhetisch ansprechende – Kombinationen sind beispielsweise Amethyst und Rosenquarz (zur Verbindung von Weisheit und Mitgefühl), Chalcedon und Lapislazuli (Kommunikation von Erkenntnis) oder Turmalinsteine in den verschiedenen Farbnuancen von transparent über rosa und grün bis zu blau und schwarz (zum Schutz und zur Kräftigung auf allen Ebenen). Bei einer Halskette unterstützt und verstärkt die geschlossene Form von Kugelsteinketten den Energiekreislauf. Rundgeschliffene, also gleichmäßige runde Perlen, haben eine sanfte, harmonisierende Wirkung, während Splitterketten eine etwas ungebändigtere Energie abgeben und es sich daher empfehlen kann, sie mit einer Kugelkette zu kombinieren. Die Heilschwingungen werden über das Kommunikationszentrum gleichmäßig, auch an die Umwelt, verteilt.

Beim Tragen von Ringen kann auch darauf geachtet werden, daß jeder Finger mit einer bestimmten Energie korrespondiert.

So steht der Daumen für die Mars-Energie des Ego und seine Durchsetzung (roter Stein);

der Zeigefinger für Bewußtheit und auf der körperlichen Ebene für den Blutkreislauf, Leber und Galle (blau-grüner Stein);

der Mittelfinger für den Stoffwechsel und allgemein für die Erdung (schwarz-violetter Stein);

der Ringfinger bezeichnenderweise für alles, was mit Venus-Qualitäten verbunden ist, und organisch für Herz und Nieren (rosa oder grüner Stein);

und der kleine Finger schließlich für Kommunikation (weiß-gelblicher, transparenter oder opalisierender Stein).

Ein Ring in passender Farbe, an dem entsprechenden Finger getragen, kann daher die jeweilige Energie günstig beeinflussen und anregen.

Achat

Amazonit

Amethyst

Aquamarin

Aventurin

Baumachat

Bergkristall

Bernstein

Beryll

Chalcedon

Chrysopal

Chrysopras

Citrin

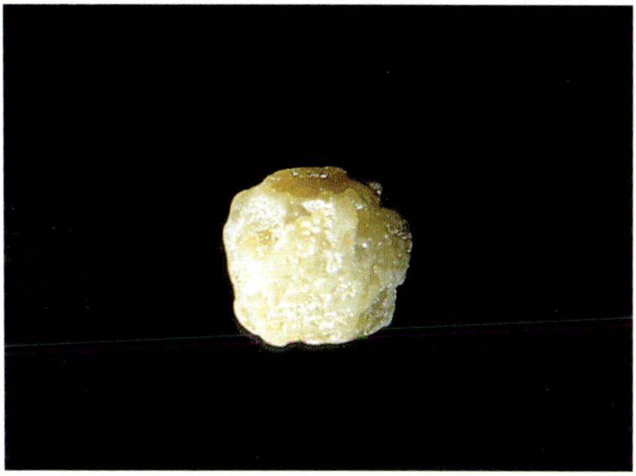

Diamant

Feueropal

Granat

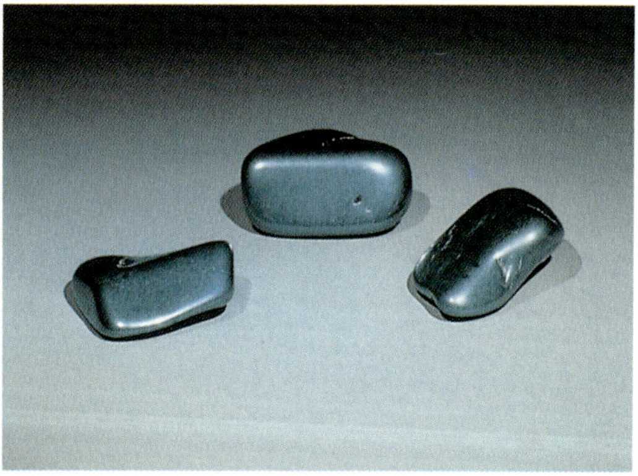

Hämatit

Heliotrop

Jade

Jaspis

Karneol

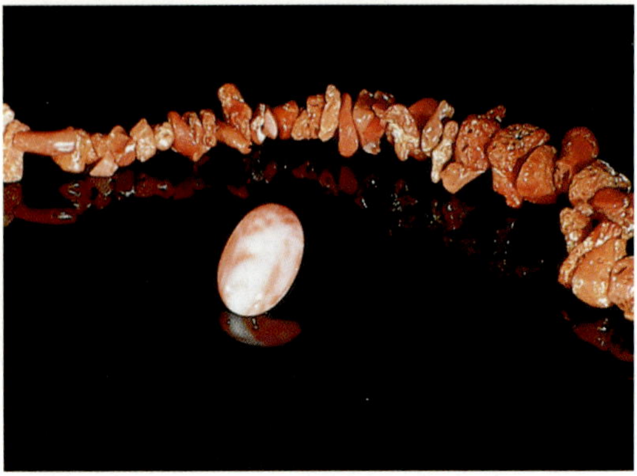

Koralle

Labradorit

Landschaftsjaspis

Lapislazuli

Malachit

Mondstein

Moosachat

Obsidian

Olivin

Onyx

Opal

Perle

Pyrit

Rauchquarz

Rosenquarz

Rubin

Saphir

Sardonyx

Smaragd

Sugilith

Tigerauge

Topas

Türkis

Turmalin

Zirkon

Kapitel 6: Das Reinigen und Aufladen von Edelsteinen

Die gründliche Reinigung von Edelsteinen wird überall empfohlen, da sie Schwingungen und Energien sowohl abstrahlen als auch in besonderem Maße aufnehmen können. Dies geschieht nicht nur bei einer Edelsteinbehandlung, sondern schon beim bloßen Tragen können die Gefühle des Trägers von einem Stein absorbiert werden. Das gilt auch für Krankheiten. Bei alten, geerbten oder gekauften Schmuckstücken ist es daher besonders wichtig, sie gründlich zu reinigen und dadurch zu neutralisieren, denn offenbar besitzen sie ein regelrechtes „Erinnerungsvermögen“ (übrigens eine Erklärung für den auf manchen berühmten Diamanten lastenden „Fluch“). Auch in Räumen in der Nähe von elektrischen Geräten oder Computern können Steine belastende Schwingungen aufnehmen. Man kann dies sogar häufig an ihnen ablesen: Sie verlieren ihren Glanz, sehen trübe aus und werden im wahrsten Sinne des Wortes „unansehnlich“ oder wirken sogar klebrig.

Die einfachste Form der Reinigung geschieht unter fließendem, möglichst kalkarmem Wasser. Halten Sie den Stein zwischen beiden Händen mit der Spitze nach unten mindestens eine Minute lang unter kaltes Wasser. Zur Unterstützung können Sie dabei klares weißes Licht visualisieren. Sie können die Steine auch einige Stunden lang in eine Schale (am besten aus Glas oder Keramik) mit Quellwasser oder destilliertem Wasser legen. Wenn Sie die Möglichkeit haben, die Steine in der Natur an einer Quelle oder in einem Bach zu reinigen, werden sie Ihnen dies durch strahlenden Glanz danken.

Für manche Stein-Experten ist mit Wasser allein keine echte Reinigung zu erzielen, sondern nur eine Entladung. So kann sich zum Beispiel Bernstein statisch derart aufladen, daß er geradezu heiß wird, und dies läßt sich durch fließendes Wasser beseitigen. Für eine Reinigung, bei der aufgenommene Schwingungsinformationen gelöscht werden sollen, werden aber intensivere Methoden empfohlen, wie beispielsweise das Einlegen der Steine in Salz. Werden Steine, die eine gründlichere Reinigung benötigen, einige Tage in Meersalz gelegt, so zieht dieses, einem Magneten vergleichbar, alle störenden Energien heraus und neutralisiert sie. Die Meinungen gehen hierbei jedoch auseinander, da empfindliche Steine durch den direkten Kontakt mit dem Salz angegriffen werden können, ihren Glanz verlieren, ihre Farbe verändern oder sogar oxydieren können. Als weichere Methode wird daher geraten, die Steine in eine Salzwasserlösung (1–2 Teelöffel auf 1 Liter Wasser) zu legen, doch auch dies ist nicht unumstritten, da das elektromagnetische Feld angegriffen und mancher Stein regelrecht ausgelaugt werden kann.

Es gibt noch weitere Formen der Reinigung, über deren Unschädlichkeit Einstimmigkeit besteht. Von den Indianern übernommen ist der Brauch, den diese zu Anfang ihrer Zeremonien für die emotionale, geistige und spirituelle Reinigung benutzten: Dabei wird getrockneter Salbei verbrannt und der Stein mit der Spitze nach oben in den Rauch gehalten. Alternativ können auch Zeder, Kiefer und Süßgras verwendet werden.

Zum Auftanken von Energie können Steine ferner einige Tage lang in feinen Sand gelegt und an einen dunklen Platz gestellt oder in die Erde eingegraben werden. Sie können auch auf eine Amethystdruse oder eine Bergkristallgruppe oder unter eine Pyramide gelegt werden, was eine gleichzeitig reinigende und aufladende Wirkung hat.

Gebräuchlich ist sonst die Aufladung der Steine im Sonnen- oder Mondlicht. Es hängt von den Entstehungsbedingungen der Steine ab, ob sie eher Sonnen- oder Mondcharakter haben. Lichtunempfindliche Steine, die Sonnenenergie brauchen, sind zum Beispiel Bergkristall, Hämatit und Lapislazuli, auch Bernstein, Perle und Koralle; dagegen bevorzugen etwa Amethyst, Opal und Rosenquarz Mondlicht (bei zunehmendem Mond und Vollmond) und sollten auch nicht auf der Fensterbank der direkten Lichteinstrahlung ausgesetzt werden. Eine genaue Übersicht über die Zuordnung wird in Sofia Sienkos „Steinschlüssel" (siehe Literaturverzeichnis) gegeben, und dort werden auch spezielle Methoden für die Programmierung von Steinen zu Heilzwecken detailliert beschrieben.

Kapitel 7: Kleines Edelstein-Lexikon von A–Z

Achat

Der Achat gehört, mit seinen vielen Untergruppen, zur Familie der Quarze. Er weist ein breites Farbenspektrum auf, das von Mattweiß über Rötlich-Braun bis zu einem dunklen Blaugrau reichen kann. Durch Einlagerung fremder Schichten, die aus Kristallquarzen, Chalcedonen, Onyx und Jaspis bestehen können, erhält er das für ihn typische Muster der „Bänderung“. Aufgrund seiner Vielfalt wird der Achat auch gerne den „Chamäleon-Steinen“ und den merkurbetonten Zeichen zugeordnet.

Der Achat steht in Beziehung zum Wurzelchakra. Er stärkt die Verbundenheit mit der Erde und die Achtsamkeit auf unseren Körper, vor allem auch unter Einschluß der Sexualität. Bildlich gesprochen könnte man sagen, daß die verschiedenen Schichten dieses Steins die Integration der unterschiedlichen Aspekte unseres Seins widerspiegeln. Dies läßt sich besonders an den Achatscheiben wahrnehmen, die durch Querschnitte entstehen und das Innere einer Achat-„Mandel“ freilegen. Dabei wird oft ein Bild sichtbar, das aufgrund seiner Signaturensprache, und nach dem Prinzip „Gleiches heilt Gleiches“, anzeigt, bei welchem Organ eine optimale Heilwirkung erreicht werden kann. Zu diesem Zweck kann die Achatscheibe direkt auf die entsprechende Körperstelle aufgelegt werden, zum Beispiel bei Augenkrankheiten und Sehschwäche auf die Augenlider. Die Scheiben lassen sich auch gut im Raum aufstellen oder ins Fenster hängen.

Der Achat gilt als ein Symbol für Reichtum und ein langes Leben, ein „Glücksstein“, der Sicherheit, Kraft und Gesundheit schenkt. Aufgrund seiner großen Formen- und Farbenvielfalt werden ihm auch ganz unterschiedliche Heilwirkungen zugesprochen: So wurde beispielsweise in der arabischen Volksmedizin der weißliche Achat bei Zahnschmerzen benutzt, während der rötliche Blutungen stillen sollte. Oft wurde er in pulverisierter Form mit Wein vermischt getrunken. Die alten Griechen verwandten ihn gegen die Wassersucht. Wasserachate, deren innerer Hohlraum noch mit Wasser gefüllt ist, galten durch ihre regenerierende Wirkung auf das Wachstum als Schutzsteine während der Schwangerschaft.

Siehe auch unter → *Baumachat* und → *Moosachat.*

Amazonit

Der Amazonit gehört zu den Feldspaten und erhält seine grüne bis blaugrüne Färbung durch Kupfer. Sein Name soll sich nicht vom Fluß Amazonas, sondern von dem Land Amazonien ableiten, für die Indianer ein „Land der Frauen ohne Männer“ – der (indianischen) Amazonen also. In Entsprechung damit fördert dieser Stein die Selbstbestimmung. Durch seine Farbe wirkt er beruhigend und ausgleichend, stärkt und harmonisiert Herz und Nervensystem und wird wegen seiner entspannenden Wirkung nicht nur gegen Schlafstörungen, sondern auch bei der Geburtshilfe eingesetzt.

Der Amazonit verbindet verschiedene Ebenen im Menschen und hilft auch dabei, abgespaltene Teile der Persönlichkeit zu integrieren, so daß er zu dem Gefühl beitragen kann, alles sei „am rechten Platz“. Dadurch wirkt er unterstützend auf die Erfahrung der Verbundenheit zwischen Mensch, Erde und Kosmos.

Amethyst

Der Amethyst gehört zur Gruppe der Kristallquarze. Seine hell- bis dunkelviolette Farbe erhält er hauptsächlich durch Eisen-Einschlüsse. Durch die Verbindung von Blau und Rot sorgt er für Harmonie und Gleichgewicht. Er steht in Beziehung zum Scheitelchakra und fördert Inspiration und Intuition, die Entwicklung von höherem Bewußtsein, Hellsichtigkeit und geistiges Erwachen. Diese Wirkung kann dadurch unterstützt werden, daß ein solcher Stein nicht nur als Kette, Anhänger oder Ring getragen wird, sondern auch als regelmäßiges Meditationsobjekt dient.

Der Amethyst gilt ebenso als Sinnbild für die spirituellen Tugenden der Demut und des Dienens, und beide Zuordnungen erhellen, warum dieser Stein den Bischofsring schmückt und Gebetsketten aus Amethysten früher in Tibet sehr gesucht waren. Weiterhin steht er seit alters her in dem Ruf, Schadenszauber und Magie abzuwenden. Allgemein dient der Amethyst als Schutzstein, was sich auch durch seinen hohen Lichtbrechungsindex erklären läßt. Dies gilt vor allem für seine schützende Funktion als Reisestein, denn er wird mit Transformation und Veränderung assoziiert.

Eine ganz andere Wirkungsebene wird durch den Namen dieses Steins angesprochen, der sich von griechisch *a-methystos*, „nicht berauscht“, ableitet und bei Alkoholproblemen oder Drogenabhängigkeit verwendet werden kann bzw. vorbeugend wirkt und nüchtern bleiben läßt. Der Stein hat zwar eine ähnliche Farbe wie Wein, der trunken macht, aber Violett als Farbe der Weisheit steht auch sinnbildlich für eine mäßigende Wirkung. Aus der Antike ist sogar der Brauch überliefert, daß Wein aus Amethystbechern getrunken wurde. Für eine „ernüchternde“ Wirkung kann ein kleinerer Amethyst einige Minuten lang unter die Zunge gelegt werden. Man kann aber auch Wasser trinken, das mit der Schwingung des Edelsteins aufgeladen wurde (siehe Kapitel „Heilen mit Edelsteinen“). Natürlich kann der Amethyst zu diesem Zweck auch direkt am Körper getragen werden, für die erwähnte Anwendung am besten auf der Höhe des Magens.

Auf der körperlichen Ebene schützt der Amethyst ganz allgemein vor Selbstvergiftung und wirkt beruhigend auf das zentrale Nervensystem, so zum Beispiel bei Neuralgien, heftigen Kopfschmerzen und Schlaflosigkeit, aber auch bei Streß und Depression. In diesem Zusammenhang kann er seine entspannende Wirkung sehr gut entfalten, wenn man sich damit über die Schläfen streicht oder wenn er auf das „Dritte Auge“ (Stirnchakra) gelegt wird.

Im besonderen ist noch seine Fähigkeit zu erwähnen, Träume klären zu können. Dafür muß man sich einen hellvioletten und durchsichtigen Amethyst unters Kopfkissen legen (und wird damit gewiß auch keine Alpträume mehr haben!). Eine im Zimmer aufgestellte Amethystdruse, das heißt, ein durch Kristalle ausgefüllter Gesteinshohlraum, oder auch zu einer Gruppe zusammengewachsene Kristalle haben aufgrund ihrer starken Ausstrahlung eine geistig klärende und verändernde Wirkung auf die gesamte Atmosphäre des betreffenden Raumes.

Aquamarin

Der Aquamarin gehört zur Familie der Berylle und erhält seine hellblaue bis grünliche Farbe durch seinen Eisengehalt. Sein Name *aqua marina* bedeutet „Meerwasser“, und so verwundert es nicht, daß er die Seeleute, die ihn als Talisman bei sich tragen, vor Unwettern schützen soll.

Der Aquamarin wird dem Halschakra zugeordnet und hilft bei Erkrankungen der Lunge und der Atemwege – dies besonders, wenn er über längere Zeit um den Hals getragen wird. So stärkt er auch die Ausdruckskraft. Er hat eine gute Wirkung bei Allergien, zum Beispiel bei Heuschnupfen, und hilft bei Augen- und Hautproblemen. Zu diesem Zweck kann er direkt oder in Form von mit Aquamarin-Wasser befeuchteten Kompressen auf die Augen gelegt werden bzw. wird die Haut mit der Aquamarin-Essenz betupft. Außerdem ist er hilfreich bei Drüsenschwellungen und reguliert vor allem über die Schilddrüse den Hormonhaushalt.

Nicht nur körperlich, sondern auch geistig wird dem Aquamarin eine beruhigende Wirkung nachgesagt. Er vertreibt schlechte Träume und bringt geistige Klärung, ein gutes Gedächtnis und hellsichtige Fähigkeiten. Er fördert Verständnis und Toleranz in zwischenmenschlichen Beziehungen und stärkt die Gabe, zu vergeben und selbstlose Liebe zu entwickeln. Außerdem soll er den Kontakt zum Schutzengel oder der inneren Führung durch die eigene Intuition unterstützen.

Aventurin

Der Aventurin ist eine Quarz-Art mit metallisch glitzernden Einlagerungen und zumeist von grüner Farbe. Er wird dem Herzchakra zugeordnet und wirkt auf der körperlichen Ebene allgemein regenerierend für das Herz, während er auf der seelischen Ebene den Aufruhr des Herzens durch emotionalen Streß besänftigt und stille Heiterkeit, Ruhe und Gelassenheit schenkt. Er fördert Idealismus und Begeisterungsfähigkeit – aber gepaart mit Toleranz aufgrund von Großherzigkeit.

Außerdem kann der Aventurin für Haut- und Lungenprobleme, auch für seelisch bedingte Allergien und Asthma verwendet werden. Dieser Stein kann als Kette oder Anhänger getragen bzw. direkt auf eine geschwächte oder erkrankte Körperstelle aufgelegt werden.

Baumachat

Dieser farblose und durchscheinende Stein ist eher ein robuster Quarz als ein Achat und auch kein Chalcedon, obwohl er wie die Dendriten-Chalcedone von feinen grünen, braunen oder schwarzen Einschlüssen durchzogen wird, die an pflanzliche Verzweigungen erinnern. Durch seine Verbindung zum Pflanzenreich galt er bei den Griechen und Römern als Talisman der Gärtner und Bauern. Wurde er während der Aussaat getragen oder am Pflug befestigt, brachte er mit Sicherheit eine reiche Ernte ein. Dem Menschen schenkt der kräftige Baumachat Ausdauer, Vitalität und eine Stärkung seines Immunsystems.

Bergkristall

Als „Bergkristall" werden die transparenten und farblosen Kristallquarze bezeichnet. Er gilt seit alters her aufgrund seiner Reinheit als heiliger Stein, der bei den verschiedensten Völkern zu religiösen und magischen Zwecken verwendet wurde. Noch heute ist er der am meisten gebrauchte Heil- und Schutzstein. Wie es heißt, soll seine Schwingungsfrequenz unser derzeitiges Wahrnehmungsvermögen übersteigen.

Der Bergkristall wird dem Scheitelchakra zugeordnet, er kann jedoch zur Reinigung und Harmonisierung aller Chakren verwendet werden. Er ist das Symbol für höchstes Bewußtsein und das reine weiße Licht und schenkt ebenso reine Kraft und Energie. Dazu gehört unter anderem, daß er die Imagination anregt, intuitive und hellsichtige Fähigkeiten verleiht und das Unsichtbare wahrnehmen läßt (wovon seine Verwendung als Kristallkugel zum Zwecke der Zukunftsvorausschau, aber auch als Meditationsobjekt zeugt).

Wie sein Name *crystallos* = „klares Eis" verrät, wurde er früher für versteinertes Eis gehalten; man nahm an, daß er die Sinne beruhige und dadurch die Klarheit des Geistes fördere. Er dient der Selbsterkenntnis und dem Erinnerungsvermögen. Seine Wirkung reicht über den Wachzustand hinaus, denn er verhilft auch zu einem tiefen Schlaf und klaren Träumen.

Auf der körperlichen Ebene werden dem Bergkristall ebenfalls vielseitige Heilkräfte nachgesagt, denn die Vollkommenheit seiner Form findet beim Heilungsvorgang ihre Widerspiegelung im Menschen. Allgemein löst er energetische Blockaden auf und wirkt auf disharmonische Zustände der Seele und in der Aura ein. Er schafft Ausgewogenheit zwischen den beiden Gehirnhälften, stärkt die Nerven und lindert Kopfschmerzen und Augenprobleme. Wird er vor der Behandlung gegen die Sonne gehalten, hilft er bei Hautkrankheiten und Brandblasen.

Es ist wichtig, daß der Bergkristall, der in seiner natürlichen Form sechs Facetten und die Gestalt einer Pyramide hat, mit der Spitze nach unten gehalten bzw. getragen wird, damit die Energie dorthin abgeleitet oder geerdet werden kann. Der Bergkristall absorbiert sehr stark fremde Energien und sollte daher, wenn er als Schutzstein getragen wird, regelmäßig gereinigt werden, am besten täglich. Er sollte möglichst nicht von anderen berührt werden, da er sich leicht auflädt und seine Wirkung dadurch geschwächt wird.

Eine besondere Varietät ist der *Regenbogenquarz*, der in seinem Inneren natürlich entstandene Einschlüsse und Risse besitzt, was den Stein unter Lichteinwirkung in allen Farben des Spektrums funkeln läßt. Mehr als andere Quarzkristalle verstärkt er Gedankenformen und kann Störungen im elektromagnetischen Feld des Menschen ausgleichen.

Siehe auch unter → *Rauchquarz* und → *Rosenquarz.*

Bernstein

Trotz seines Namens ist Bernstein, der auch als „Amber“ bezeichnet wird, kein Mineral, sondern im Tertiär entstandenes versteinertes Harz von Nadelbäumen, das manchmal auch Einschlüsse von Blättern oder kleinen Insekten aufweisen kann. Wahrscheinlich heißt es deshalb, daß er die Vorstellungskraft stärke und die Visualisierung innerer Landschaften fördere. Er ist wahrscheinlich einer der ältesten bekannten „Edelsteine“ der Menschheit und wird seit vielen tausend Jahren als Schmuck-, Heil- und Schutzstein verwendet.

Bernstein ist auffallend leicht und besitzt elektrische Eigenschaften, die schon um 600 v. Chr. in Griechenland bekannt waren: Bernstein lädt sich tatsächlich durch Reiben elektrisch auf, schlägt Funken und kann leichte Körper magnetisch anziehen; seine griechische Bezeichnung ist *elektron*, wovon sich unser Wort „Elektrizität“ ableitet. Seine zahlreichen Heilwirkungen sind unter anderem auch dadurch erklärt worden, daß sich der Stein durch die Reibung mit der Haut elektrisch auflädt und sich, wenn er als Halskette getragen wird, ein Stromkreis bildet, der dann besonders vor Beschwerden in diesem Körperbereich schützt, also: Halsschmerzen, Mandelentzündung, Diphterie, Keuschhusten, Bronchitis, Atembeschwerden (Asthma), Allergien (Heuschnupfen), Schilddrüse (Kropfbildung) und Zahnfleischbluten. Berühmt ist er wegen seiner schmerzlindernden Wirkung beim Zahnen der Kleinkinder. Am besten trägt das Kind dafür eine Kette oder einen Anhänger aus Bernstein, auf dem es herumbeißen kann. Gegen Zahnschmerzen kann auch Bernstein-Tinktur verwendet werden.

Allgemein baut Bernstein das Energiefeld des Körpers, zum Beispiel nach dessen Schwächung durch elektrische Störfelder, Erdstrahlung, Alkohol, Nikotin usw., wieder auf, indem er ihm höhere, verdichtete Energien zuführt und dadurch die Selbstheilungskräfte des Körpers stärkt. Wenn Bernstein störende und belastende Energien aufnimmt, kann er trüb und matt werden und die negative Energie sogar wieder abstrahlen. Daher ist es wichtig, ihn möglichst nach jeder Heilbehandlung energetisch zu reinigen.

Bernstein wehrt auch negative Kräfte ab und wurde zum Beispiel schon von den Römern als Amulett zur Abwehr von wilden Tieren verwendet. Umgekehrt zieht er positive Schwingungen von Kraft, Freude und Ruhe an. Bernstein ist das niederdeutsche Wort für „Brennstein", und Bernsteinpulver, auf glühender Holzkohle verbrannt, wurde schon in der Antike als Allheilmittel geschätzt, das Seuchen fernhielt. Das Einatmen der Dämpfe hat außerdem eine positive Wirkung auf das Atemsystem und wurde auch zur Behandlung lymphatischer Schwellungen und gegen Ohnmachtsanfälle empfohlen. In heidnischer Zeit wurde Bernstein zum Ausräuchern und zur Vertreibung von bösen Geistern verwendet, und dieser Brauch hat sich bis heute in der katholischen Kirche erhalten.

Bernstein ist von goldgelber bis rötlichbrauner Farbe und wird dem Nabelchakra zugeordnet. Das „Ostseegold", wie er auch genannt wird, fördert eine sonnige

Wesensart, die gleichzeitig sanftmütig und selbstbewußt ist. Im Bereich des Sonnengeflechtes aufgelegt, hat er eine beruhigende und ausgleichende Wirkung auf das zentrale Nervensystem und hilft gegen Ängste und Depressionen – allgemein in „dunklen Zeiten". Ferner wirkt er hier auch harmonisierend auf Magen, Leber und Galle, bei Nieren- und Blasenentzündungen sowie bei inneren Vergiftungen.

Beryll

Viele unterschiedliche Steine gehören zu den Beryllen, die bekanntesten Vertreter sind der → *Aquamarin* und der → *Smaragd*. Der eigentlich als Beryll bezeichnete Stein ist grün oder gelbgrün; Goldberyll ist nach seiner Färbung benannt, und je nach seinen Bestandteilen gibt es auch bläuliche und rötliche Varietäten.

Von „Beryll" abgeleitet ist unser Wort „Brille", und dementsprechend wurde er schon früh zu Linsen oder Sehhilfen geschliffen und zur Heilung von Augenkrankheiten verwendet. Zu diesem Zweck kann er direkt auf die Augen aufgelegt oder als Meditationsobjekt betrachtet werden. Besonders der Goldberyll wirkt harmonisierend, entgiftend und stärkt die Nerven.

Chalcedon

Der Begriff „Chalcedon“ bezeichnet sowohl eine ganze Gruppe von Steinen aus der Quarz-Familie, wozu der Achat, der Chrysopras und der Onyx gehören, als auch den eigentlichen Chalcedon, der durch entsprechende Substanzen, wie Mangan, Eisen oder Kupfer, rosa, rot oder blaugrün gefärbt sein kann. Der bekannteste Chalcedon ist die mattweiße bis hellblaue Varietät, die ihre Farbe durch Lichtbrechung erhält. Ähnlich wie beim Achat gibt es auch eine gebänderte Sorte, den Streifen-Chalcedon.

Die bläuliche Varietät wird dem Halschakra zugeordnet und gilt von alters her als „Stein der Redner“, da er beim Reden Kraft schenkt und die Harmonie in der Wortwahl unterstützt. Allgemein fördert er die Kommunikation und dient als ein guter Schutz bei mündlichen Prüfungen und diplomatischen Verhandlungen, da er es erleichtert, sich auf den Gesprächspartner einzustellen, ihn zu verstehen und gegebenenfalls auch „seine Sprache zu sprechen“. Allgemein zieht er Erfolg bei schwierigen Unternehmungen an und schützt auf Reisen vor Gefahren, da er eine beruhigende und sehr reine Ausstrahlung hat.

Auf der körperlichen Ebene hilft der Chalcedon bei Halsbeschwerden, Erkältungen und Erkrankungen der Atemwege, Problemen mit den Augen (Augendruck) und Ohren (Gleichgewichtssinn) und regt allgemein die Lymphe und andere Körperflüssigkeiten an.

Chrysopal

Der Chrysopal ist von blaugrüner Farbe und steht mit dem Herzchakra in Verbindung. Er wirkt befreiend auf das Herz und die Gefühle; außerdem wird ihm eine positive Wirkung auf die Leber und eine allgemeine Regenerationskraft nachgesagt.

Chrysopras

Der Chrysopras ist eine Chalcedon-Art, und seine apfelgrüne Farbe, die durch Nickel entsteht, ordnet ihn dem Herzchakra zu – zumindest soll er Liebeskummer lindern, wenn er als Kette oder Anhänger getragen wird. Bei innerlicher Einnahme als Elixier ist er bekannt für seine entgiftende und entschlackende Wirkung, die sich heilsam auf rheumatische Erkrankungen und Gicht auswirkt. Schon Hildegard von Bingen erwähnt seine besänftigende Wirkung auf Zorn und Erregung, die wohl mit seinem Einfluß auf die Lebertätigkeit in Verbindung steht. Auch auf der geistigen Ebene wirkt er „entgiftend", löst Spannungen und negative Denkmuster auf und lenkt die Aufmerksamkeit auf das Hier und Jetzt.

Citrin

Der Citrin (auch in der Schreibweise „Zitrin“ bekannt) gehört zu den Quarzen. Dies ist ein hellgelber bis goldbrauner Stein, der dem Nabelchakra, aber je nach Färbung auch dem Sakralchakra zugeordnet wird. Er regt die Verdauung an und aktiviert den gesamten Stoffwechsel, stärkt die Nerven, beseitigt innere Unruhe, schafft ein „sonniges“ Gemüt und wirkt daher gegen Unsicherheit und Depressionen. Er hilft Energieblockaden in den unteren Chakren aufzulösen und fördert dadurch die Fähigkeit und Bereitschaft, Zärtlichkeit zu leben und mit anderen zu teilen.

Bei den Indianern wird der Citrin auch „Kojotenstein“ genannt, da es seiner Schwingung irgendwie zu gelingen scheint, alle erdenklichen Widerstände zu überwinden und selbst schwere traumatische Erlebnisse zu verarbeiten.

Diamant

Als einziger Edelstein besteht der Diamant aus nur einem chemischen Element: kristallisiertem Kohlenstoff. Er gilt daher als besonders rein, besitzt die höchste Lichtbrechung und ist auch mit Abstand der härteste aller Edelsteine. Sein Name kommt von griechisch *adamas*, der „Unbezwingliche“, und seine Sonderstellung als „König der Edelsteine“ dürfte wohl auch dazu geführt haben, daß ihm seit alter Zeit in besonderem Maße mythische Eigenschaften zuerkannt worden sind.

Der Diamant steht symbolisch für das Göttliche und die All-Einheit, das reine Licht und die höchste Wahrheit, für Kühnheit, Stärke und Unverwundbarkeit. Die letzteren Eigenschaften schenkt er einem Träger von edler Gesinnung und reinem Geist, und einen solchen „warnt“ er auch durch Eintrübung o. ä. vor drohender Gefahr. Er gilt als einer der wichtigsten Glückssteine. Gelangt er jedoch in die Hände eines Unbefugten, eines Verräters oder Diebes, verliert er fast augenblicklich seinen Glanz und kann dann sogar wie mit Rauhreif überzogen scheinen. Die Geschichten um die größten und wertvollsten (und damit auch die begehrtesten) Diamanten scheinen dies zu belegen: Oft bringen sie ihren Besitzern Unglück, Verfolgung, Krankheit oder sogar Tod.

Mit der Entdeckung des Steinschliffs um die Mitte des 15. Jahrhunderts (vorher verstand man sich nur darauf, die natürlichen Kristallflächen zu polieren) wurde der Diamant auch wegen seiner optischen und ästhetischen Qualitäten hochgeschätzt. Der Erfinder des Diamantschliffs, der Belgier Louis van Berquem, war von der magischen und therapeutischen Wirksamkeit des Edelsteins überzeugt und wollte seiner Strahlkraft durch den Schliff zu einer noch größeren Intensität verhelfen. Durch eine bestimmte Form des Facettenschliffs wird der Diamant zum Brillanten oder zur Rosette (Halbbrillant).

Der Diamant wird dem Scheitelchakra zugeordnet und ist als Träger reinsten Lichtes Symbol für die Sonne und damit für Erleuchtung und Vollkommenheit. Er fördert die Verbindung zu höheren Seinsebenen und schenkt die dafür notwendige geistige Klarheit. Der Diamant hat eine stark reinigende Wirkung auf viele Bereiche von Körper und Geist, besonders auf solche, die mit dem Gehirn und den Nerven in Verbindung stehen, wie Sinnesorgane (insbesondere die Augen), Hormonhaushalt, Angstzustände und Depressionen. Außerdem ist seine krampflösende und fiebersenkende Wirkung hervorzuheben. Er neutralisiert Gifte, sollte jedoch selbst nur in geringer Dosis eingenommen werden, da er sonst selbst zum Gift werden kann.

Überhaupt ist Vorsicht angeraten, denn der Diamant verstärkt nicht nur die Wirkung anderer Steine, sondern er kann auch negative Gemütszustände und störende Gedanken intensivieren und die Energiezentren zu nachhaltig anregen, was leicht zu Nervosität und Überreizung führen kann. Ein Diamant sollte daher nur gelegentlich getragen bzw. zu Heilzwecken verwendet werden.

Feueropal

Der kräftig orangefarbene bis rote Feueropal ist ein ausgesprochener Mars-Stein, der Tatendrang und Erfolg bei allen Aktivitäten unterstützt (dafür läßt sich der Feueropal sehr gut in der Hosentasche tragen). Auf der körperlichen Ebene wirkt er vor allem auf die Verdauungs- und Geschlechtsorgane und behebt Energieblockaden bzw. schenkt neue Lebenskraft.

Granat

„Granat" ist ein Gattungsbegriff für eine ganze Mineralgruppe von Silikaten. Zu den bekanntesten Varietäten gehören die rötlichen Steine Almandin, Pyrop und Spessartin. Früher wurde der Granat auch mit dem legendären *Karfunkel* gleichgesetzt, von dem es im Märchen heißt, daß er im Dunkeln leuchte. Er hat die besondere Eigenschaft, im unpolierten, ungeschliffenen Zustand matt und stumpf zu sein; wird er jedoch geschliffen und poliert, tritt seine blutrote Farbe und sein Feuer zutage, und nur dann entfaltet er auch seine volle Wirkkraft.

Der Granat wird dem Wurzelchakra zugeordnet, und er verleiht Mut, Überlebens-Kraft und Tatendrang. Er wurde als schützender Talisman angesehen und wendete, in Schilde und Schwerter der Krieger eingearbeitet, Gefahren ab und schützte vor Verwundungen. Als Amulett oder Talisman verleiht er Glück und Reichtum, und da er aufrichtige und beständige Gefühle fördert, gilt er auch als Symbol der Freundschaft.

Auf der physischen Ebene wirkt der Granat allgemein kräftigend und regenerierend, löst energetische Blockaden auf und hilft bei sexuellen Problemen. Er wird auch als stärkendes Herzmittel gerühmt, das nervöses Herzklopfen beruhigt und den venösen Kreislauf reguliert, bei Durchblutungsstörungen und Anämie (durch bessere Aufnahme und Verwertung von Eisen) hilft, das Immunsystem stärkt und die Wundheilung fördert.

Ein Übermaß ist bei diesem kraftvollen Stein unbedingt zu vermeiden; dies gilt besonders für sehr leidenschaftliche oder jähzornige Menschen. Bei innerlicher Einnahme als Elixier oder Tinktur ist darauf zu achten, daß die stark energetisierende Wirkung mit einem blauen oder grünen Stein wieder ausgeglichen wird.

Hämatit

Der Hämatit ist eigentlich ein grau bis schwarz glänzender Stein, der jedoch beim Schleifen blutrotes Wasser absondert. Deshalb, und auch, weil er seit alters her dafür bekannt ist, Blutungen zu stillen sowie den Blutkreislauf und die Menstruation zu regulieren, heißt er auch „Blutstein" („Hämatit" von griechisch *haimatos* = „Blut"). Er wirkt nicht nur blutstillend, sondern auch blutbildend, erleichtert die Eisenaufnahme (da er selbst Eisen enthält und dem Magnetit verwandt ist), stärkt die geistige Aktivität und das Nervensystem.

Seine Verbindung zum Wurzelchakra erklärt seine vorrangig physische Wirkung, doch schenkt er als echter Mars-Stein auch Lebensmut und Willenskraft. Vorsicht ist dagegen bei akuten Entzündungen geboten, da er diese aktivieren kann, und bei sehr materiell eingestellten Menschen kann er das Besitzstreben noch verstärken.

Heliotrop

Der Heliotrop gehört zu den Quarzen und steht zwischen Chalcedon und Jaspis, das heißt, er ist ein grüner Stein mit roten Punkten (durch Eisen-Einschlüsse) und wird daher auch „Blutjaspis" genannt. Sein ungewöhnlicher Name setzt sich aus den beiden griechischen Wörtern *helios*, „Sonne", und *trepo*, „verändern" zusammen und ist aus seiner einmaligen Fähigkeit zu erklären, Sonnenstrahlen von blutroter Farbe erscheinen zu lassen, wenn er in ein mit Wasser gefülltes Gefäß getaucht wird.

Er gilt als ein Stein von großer Heilkraft, der Blutungen stillt, wofür er zuerst in Wasser und dann auf die Wunde gelegt wird. Er hat eine stark entgiftende Wirkung (Leber), hilft gegen Infektionen, kräftigt das Immunsystem und wirkt regenerierend in Zeiten der Genesung. Allgemein stärkt er die Lebenskraft, schafft aber eine Verbindung zwischen Wurzel- und Herzchakra.

Jade

Zu Jade kann der *Jadeit* gehören, der meist weißlichgrün bis dunkelgrün ist, oder der ihm sehr ähnliche *Nephrit*. Besonders gesucht ist der smaragdgrüne „kaiserliche" Jade, denn im alten chinesischen Reich der Mitte und im ganzen Fernen Osten galt der Stein *Yu* als besonderer Glücksbringer und verkörperte – als einer der härtesten Steine überhaupt – das kosmische männliche Prinzip *Yang*. Seine Verwendung in Religion, Ritual und Magie ist seit mehr als 6000 Jahren bezeugt, und bei den Taoisten galt er als einer der „Steine des langen Lebens".

Man vermutet, daß sich die Bezeichnung „Jade" von spanisch *piedra de ijada*, „Kolikstein", ableitet; der ihm ähnliche Nephrit, *lapis nephriticus* (von griechisch *nephros* = „Niere"), bedeutet sogar wörtlich „Nierenstein". Noch heute werden solche nierenförmigen Steine zur Linderung von Nierenleiden getragen und besonders effektiv bei Nierensteinbildung und -koliken eingesetzt. Sie regen auch die Nierentätigkeit und die Nebennieren an und wirken ferner bei allen Erkrankungen der Harnwege, gegen Ischias und Gicht durch vermehrte Ausscheidung von Harnsäure sowie als Nervenmittel und bei Hautproblemen. Die durchgreifende Wirkung von Nephritreifen ist historisch belegt. Da die Nieren mit den Augen in Verbindung stehen, soll der Nephrit auch die Sehkraft verbessern. Er hat eine allgemein reinigende und beruhigende Wirkung.

Jaspis

Jaspis ist eine Quarzart mit weitverbreitetem Vorkommen. Dieser Stein kann aufgrund seiner Einschlüsse eine ganz unterschiedliche Färbung annehmen; hauptsächlich ist er gelb, grün oder rot. In früheren Zeiten wurde der Begriff „Jaspis“ mit unserer heutigen Bezeichnung „Quarz“ gleichgesetzt, was eine entsprechende Vielfalt und damit Verwirrung in der Zuordnung mit sich brachte.

Zu der Sorte des gelben Jaspis gehört auch der beigefarbige sogenannte → *Landschaftsjaspis*. Die grüne Varietät ist am ausgewogensten, stellt die Beziehung zur Natur wieder her und wirkt entzündungshemmend.

Der rote Jaspis, auch „Silex“ genannt, ist im besonderen ein Stein der Materie, der mit der elementaren Kraft der Erde verbindet und seit alters her als starker Amulettstein galt, der vor unliebsamen Einflüssen schützte. Er wird dem Wurzelchakra zugeordnet, stärkt das Herz, regt den Kreislauf an, hilft bei Anämie, bei Menstruationsbeschwerden und wird wegen seiner blutstillenden Wirkung gerühmt. Er hat eine günstige Wirkung während der Schwangerschaft und gilt auch als regelrechter „Geburtsstein“.

Besondere Heilkräfte werden dem sogenannten „Blutjaspis“ (siehe unter → *Heliotrop*) zugeschrieben.

Karneol

Der durchscheinende Karneol ist ein roter bis rotbrauner Chalcedon, der den alten Namen „Sarder“ trug. Er wird dem Sakralchakra zugeordnet und steht für Sinnlichkeit und Vitalität, für Freude und allgemein menschliche Wärme. Er wurde schon im Mittelalter zum Blutstillen, zur Blutreinigung und gegen Durchblutungsstörungen verwendet, stärkt das Immunsystem und hilft bei sexuellen Problemen.

Auch in dem Sinne gilt der Karneol als „Blutstein“, daß er die Familienbande stärkt. Es wird ihm die Wirkung nachgesagt, mäßigend auf zornvolle Emotionen einzuwirken, doch gleichzeitig hilft er mutlosen und schüchternen Menschen, ihre Passivität zu überwinden und ihre Gefühle auszudrücken.

Allgemein wird ihm auch eine Beziehung zum Halschakra zugeschrieben, denn wenn er um den Hals getragen wird, löst er in diesem Bereich Blockaden auf, verbessert die Kommunikation und hilft auch bei Lungenproblemen.

Koralle

Korallen sind keine Mineralien, sondern werden zum Tierreich gezählt, da sie aus den Kalkausscheidungen winziger Meerestiere gebildet werden, die in den daraus entstehenden Korallenriffen leben. Lange Zeit wurden sie als Bäumchen, als Wurzel oder Blütenzweig vom Grunde des Meeres, aber tatsächlich auch als „Stein" angesehen, der als Schmuck und zum Schutz getragen und in der Magie und Steinheilkunde verwendet wurde. Noch heute gilt die rote Koralle als „heiliger Stein" in der tibetischen und indianischen Kultur.

Korallen können auch weiß, rosa und sogar blau oder schwarz sein – doch es ist kaum verwunderlich, daß die schöne rote Blutkoralle als die begehrteste gilt. Je nach ihrer Färbung spricht man von Blutschaum, Blutblume, erstem, zweitem oder drittem Blut. Sie soll eine ähnliche Eigenschaft besitzen wie der Türkis und die Perle, nämlich ihre Farbe verlieren, wenn sie von bestimmten Menschen getragen wird. Dazu soll es besonders bei „blutarmen", also anämischen Personen kommen, was man sich damit erklärt, daß die Blutkoralle durch ihre Farbe die Energie von Mars anzieht und damit einen günstigen Einfluß auf die Blutbildung hat. Außerdem wirkt die Koralle blutstillend und reinigend, regt das Wachstum der Knochenzellen an und fördert die Ausscheidung von Nierensteinen und Harngrieß. Noch viele andere Wirkungen werden ihr zugeschrieben. Früher war es Brauch, gegen die verschiedensten Krankheiten und Seuchen eine rote Korallenkette zu tragen.

Eine ganz besondere Rolle hat die Koralle bei der Abwehr von und dem Schutz vor Schadenszauber und Unheil gespielt, zum Beispiel noch heute in Italien als Amulett gegen den „bösen Blick“. Als Talisman getragen, schenkt sie Mut und Klugheit, aber auch Heiterkeit und Herzenswärme.

Labradorit

Der Labradorit hat seinen Namen nach seinem ersten Fundort in Labrador erhalten. Er ist ein zumeist grauer Feldspat mit einem schillernden Farbenspiel vor allem in Blau und Grün, das ihn unverwechselbar macht und mit Geheimnis umgibt. Er stärkt die Vorstellungskraft und Intuition. Zu Heilzwecken kann er bei Erkältungen und rheumatischen Beschwerden verwendet werden und hat außerdem eine allgemein beruhigende Wirkung.

Landschaftsjaspis

Dies ist die Bezeichnung für den ins Gelbliche gehenden, beige- oder sandfarbenen Jaspis, der auch „Bilderjaspis“ genannt wird, weil in seinen Einschlüssen Landschaften oder andere Formen zu erkennen sind. Verglichen mit dem sehr kraftvollen roten Jaspis hat dieser Stein eine sehr viel ruhigere Ausstrahlung. Er schenkt eher Durchhaltevermögen als Tatendrang. Auf der physischen Ebene stärkt er das Immunsystem, soll bei Allergien helfen und ist ein Schutz gegen Umweltgifte.

Lapislazuli

Der Lapislazuli oder „Lasurstein“ ist ein natürliches Felsgestein, das seine herrliche tiefblaue Farbe durch Ultramarin-Moleküle erhält und außerdem goldene Pyrit-Einschlüsse haben kann. Sein strahlendes Blau hat ihn zu einem „Stein des Himmels“ werden lassen, und aufgrund der ihm zugeschriebenen heiligen Eigenschaften wurde er schon im Zweistromland, in Ägypten sowie auch in Mittel- und Südamerika zu religiösen und magischen Zwecken verwendet.

Der Lapislazuli wird dem Stirnchakra oder Dritten Auge zugeordnet. Er verleiht Hellsichtigkeit und Erkenntnis und fördert die geistige und spirituelle Reinigung. Er schenkt gleichzeitig Ruhe und Konzentration und soll sich daher sehr gut zum Studieren und auch als Prüfungsstein eignen. Außerdem umgibt er seinen Träger mit einer heiteren und sympathischen Ausstrahlung und gilt daher als ausgesprochener Freundschaftsstein.

Dem Lapislazuli werden viele heilsame Wirkungen nachgesagt: Er hilft gegen Melancholie, Depression und Schlaflosigkeit, wirkt blutdrucksenkend, lindert Kopfschmerzen und Beschwerden im Halsbereich. Ein altes Mittel: Warmes Wasser, in dem ein Lapislazuli eine Weile gelegen hat, wird als Augenbad für die Verbesserung der Sehkraft und auch gegen Augenentzündungen verwendet.

Malachit

Die intensive grüne Farbe erhält der Malachit durch seinen Kupfergehalt, und dadurch ist er auch der Göttin Venus geweiht. Wegen seiner Farbe wurde er schon im alten Ägypten pulverisiert zur Augenkosmetik, als „Lidschatten" verwendet. Dabei stellte man fest, daß dies auch eine offenkundige Wirkung auf die Augen selbst hatte, so daß er in Form von Kompressen als Mittel gegen die berüchtigte ägyptische Augenkrankheit eingesetzt wurde. Allgemein ist der Malachit als entgiftender Heilstein seit langer Zeit bekannt.

Er wird dem Herzchakra zugeordnet, schenkt mitfühlende Liebe und Toleranz, fördert Harmonie und führt auch durch den Gedanken des Annehmenkönnens zur Heilung. Festsitzende Ängste im Bereich des Solarplexus, die dies verhindern, hilft er aufzulösen. Durch seinen Gehalt an Kupfer wirkt der Malachit krampflösend und entspannend, lindert Menstruationsbeschwerden und erleichtert Schwangerschaft und Entbindung, weshalb er früher „Hebammenstein" genannt wurde. Er stärkt das Herz, wirkt auf die Entgiftung der Leber und die Ausscheidung der Nieren und ist ein allgemeines Kräftigungsmittel.

Mondstein

Der Mondstein oder Selenit gehört zu den Feldspaten. Er ist meist durchscheinend und von milchigweißer bis bläulicher Farbe. Wie schon der Name sagt, wird er mit dem Mond in Verbindung gebracht. Dies erklärt sich durch seine Färbung, aber auch durch den Glauben, daß er sich mit den Mondphasen verändere; dies verlieh ihm magische Kräfte und machte ihn in vielen Kulturen zum Glücks- und vor allem Liebesstein. Außerdem wurde er in Indien als heiliger „Traumstein" verehrt, denn wenn man ihn trägt bzw. unter das Kopfkissen legt, soll er – vor allem bei Vollmond – prophetische Träume schenken und allgemein die Erinnerung an die Träume verbessern.

Der Mondstein wird dem Sakralchakra zugeordnet und fördert weibliche Eigenschaften wie Sanftheit, Empfänglichkeit und Intuition, also die lunaren Eigenschaften des Krebses. Natürlich gilt er traditionell auch als Fruchtbarkeitsstein, sorgt für hormonelles Gleichgewicht und wird noch heute von arabischen Frauen mit Kinderwunsch in die Kleider eingenäht (was natürlich bei zunehmendem Mond passieren muß). Er hilft bei allen Beschwerden, die mit Menstruation, Schwangerschaft und den Wechseljahren zu tun haben.

Außerdem werden dem Mondstein Wirkungen auf die Zellentwässerung und Harnausscheidung sowie bei Lymph- und Drüsenstörungen nachgesagt.

Moosachat

Er gehört zu den Chalcedonen und ist ebenfalls farblos bis zartblau und hat moosgrüne Einschlüsse. Ähnlich wie der Baumachat unterstützt auch dieser Stein die Beziehung zur Natur und soll vor allem die Kommunikation mit den Naturgeistern fördern. Allgemein wirkt der Moosachat anregend auf das Kommunikationsvermögen und die geistige Beweglichkeit und stärkt auf der körperlichen Ebene das Immunsystem, wirkt entzündungshemmend und fiebersenkend.

Obsidian

Der Obsidian ist aus geschmolzenem Quarzgestein entstanden und wird auch als „vulkanisches Glas“ bezeichnet. Er ist meistens von schwarzer Farbe, und es gibt die Varietäten *Rauchobsidian* (transparent), *Regenbogenobsidian* (schillernd) *Schneeflockenobsidian* (graue Einschlüsse) und *Mahagonyobsidian* (rotbraune Flecken durch Eisen). Wegen seiner Schärfe fand der Obsidian als Klinge, Pfeilspitze, Werkzeug und für kultische Zwecke schon früh in vielen Kulturen Verwendung.

Der Obsidian wird dem Wurzelchakra zugeordnet und dient in hohem Maße der Bewußtwerdung und Erdung. Es heißt, daß er das äußere wie das innere Auge schärfen soll. In diesem Zusammenhang ist interessant, daß er in den altamerikanischen Kulturen als magischer Spiegel zur Wahrsagekunst benutzt wurde. Wie andere dunkle Steine, zum Beispiel der Onyx, wird er mit unheilvollen Einflüssen in Zusammenhang gebracht, und bei den Maya wurden die Kräfte der Finsternis mit *Tezcatlipoca*, „Rauchender (Obsidian)-Spiegel“, gleichgesetzt.

Auf der geistig-seelischen Ebene trägt Obsidian zur Auflösung verhärteter emotionaler Strukturen bei, fördert die Auseinandersetzung mit dem eigenen Schatten und sorgt für eine größere umfassende Klarheit. Auf der körperlichen Ebene löst er energetische Blockaden auf und gilt schon seit alter Zeit, obwohl er als Waffe gefürchtet war, als Mittel zum Blutstillen, zur Schmerzlinderung und Wundheilung.

Olivin

Der Olivin, der nach seiner olivgrünen Farbe benannt ist und auch *Chrysolith* heißt oder *Peridot*, wenn er mehr grüngelb ist, hat eine ausgleichende Wirkung auf die Nerven und hilft gegen Depressionen und Alpträume. In einen Goldring gefaßt und an der linken Hand getragen, soll er nach alter Überlieferung „böse Geister“ in die Flucht schlagen und die Melancholie vertreiben.

Er wirkt entgiftend, regt die Leber- und Gallentätigkeit an und lindert Verdauungsstörungen und Verstopfung. Aufgrund seiner Farbe gilt er auch als Augenheilmittel und läßt die Welt voller Zuversicht und Optimismus sehen.

Onyx

Der Onyx gehört zu den Chalcedonen. Er hat auch den Beinamen „Nagelstein“, was wohl daher rührt, daß sein Name aus dem Griechischen kommt und „Fingernagel“ bedeutet. Damit wurden später Steine bezeichnet, deren Farbe an diejenige von Fingernägeln erinnerte oder die zweifarbig gebändert waren und ein Muster aus augenförmigen Linien hatten. Noch heute wird der Onyx bei Augenentzündungen und Sehschwäche verwendet.

Meist ist dieser Stein schwarz und undurchsichtig, und seine Farbe machte ihn zum Stein des Unheils, der Trauer und der Magie. Ihm wurde nachgesagt, daß er Schlaflosigkeit und schlimme Träume bringe, zu Traurigkeit und Melancholie neigen lasse sowie Streit und Zwietracht hervorrufe. Auch gilt er, durch die Herrschaft von Saturn, als „Stein der Materialisten“, so daß mehr geistig ausgerichteten Menschen eher davon abgeraten wird, einen Onyx zu tragen; andererseits kann er jemandem, der nicht genügend geerdet ist, zu einer Stärkung seines Selbstvertrauens und Durchsetzungsvermögens verhelfen.

Der Onyx wird dem Wurzelchakra zugeordnet. Er stärkt die Gelenke, den Knochenbau und das Zellwachstum, wirkt unterstützend auf die Blutbildung und die allgemeine Körperabwehr gegenüber Infektionen.

Siehe auch unter → *Sardonyx*.

Opal

Der Opal kann weißlich oder schwarz sein, aber auch durch eingeschlossenes Wasser in allen Regenbogenfarben „opaleszierend“ schillern: Daher gibt es den weißen und schwarzen Edelopal, den kräftigen Feueropal, den Wasseropal und den Milchopal, den Bänderopal und den Harlekinopal. Sein Name leitet sich ab von dem griechischen Wort für „Stein“, und wie schon Plinius meinte, vereint er in sich die Farbenpracht und die positiven Eigenschaften aller anderen Steine.

Er galt zumeist als Glücksstein: Für die Griechen war er aus Freudentränen des Gottes Zeus entstanden, laut einer indischen Legende dagegen aus der zu Stein erstarrten Göttin des Regenbogens. Das Irisierende und Schillernde (und damit Trügerische) ließ den Opal jedoch bei einigen Kulturen zu einem Unglücksstein werden. So darf der Stein an mehreren europäischen Königshöfen, beispielsweise in England und Schweden, nicht getragen werden, und es gibt auch einen Unglücksopal, der früher dem spanischen Königshaus gehörte und sich heute in der sicheren Obhut der Schutzpatronin von Madrid befindet (nach dem Prinzip „Gleiches heilt Gleiches“ einer *Schwarzen Madonna*). Zusammengefaßt läßt sich vielleicht sagen, daß der Opal alles, die positiven wie die negativen Eigenschaften des Menschen, verstärkt und deshalb keinesfalls zu selbstsüchtigen Zwecken verwendet werden sollte.

Auf der körperlichen Ebene stärkt der Opal den Lebenswillen und die Selbstheilungskräfte, regt Herz,

Kreislauf und die Bildung roter Blutkörperchen an und schützt vor Infektionen.

Siehe auch unter → *Chrysopal* und → *Feueropal.*

Perle

Die natürliche oder echte Perle stammt – ebenso wie Bernstein und Koralle – nicht aus dem Mineral-, sondern aus dem Tierreich, denn sie ist ein Ausscheidungsprodukt von Muscheln oder anderen Weichtieren, das zum Schutz gebildet wird, wenn ein Fremdkörper in deren Schale gelangt. Die dabei entstehende Perlmutter schließt sich um den Eindringling, und auf diese Weise entsteht die Perle.

Immer schon wurden die Perlen, von den Dichtern als „verfestigte Tautropfen“ oder „Engelstränen“ gepriesen, als „Diamanten des Meeres“ den Edelsteinen zugerechnet. Die echte Perle, im Unterschied zur *Zuchtperle*, zeichnet sich vor allem durch ihren natürlichen Glanz aus. Sie soll jedoch die besondere Eigenschaft besitzen, unter bestimmten Umständen diesen Glanz zu verlieren, zum Beispiel bei einem Mangel an Luft und Licht sowie bei bevorstehenden Gefahren und einem krankhaften Zustand ihres Trägers. Wird sie von einer Person mit einem schweren Hautleiden getragen, verliert sie jede Lebendigkeit, gewinnt ihren schimmernden Glanz aber schnell zurück, wenn ein gesunder und seelisch stabiler Mensch sie trägt. Aufgrund ihrer großen Sensibilität sollte sie jedoch regelmäßig in Salzwasser gereinigt werden, wobei die Perlen von der einen in die andere Hand bewegt werden.

Die Perle steht in Verbindung mit dem Wasser und dem Mond und versinnbildlicht die weiblichen Eigenschaften. Sie ist ein Symbol für Unschuld und Reinheit, schenkt geistige Ruhe und Geduld, bekämpft eine hochfahrende Wesensart und Zorn. Auf der körperlichen Ebene stillt sie Blutungen, wirkt positiv bei Kalziummangel und stärkt die Knochen, wirkt bei Krämpfen und Herzklopfen aufgrund von Nervosität beruhigend. Pulverisiert und mit Milch oder Zitronensaft vermischt, wirkt die Perle fiebersenkend und herzstärkend, ist ein allgemeines Kräftigungsmittel und schenkt ein langes Leben.

Die seltenere *rote Perle* hilft besonders bei Augenleiden und hat eine antidepressive Wirkung, während die *schwarze Perle*, die magnetische Eigenschaften besitzt, ihren Träger vor Unheil warnen soll.

Pyrit

Der Pyrit besteht aus Schwefeleisenerz und wird wegen seines Glanzes auch „Katzengold“ genannt. Sein Name bedeutet „Feuerstein“, da er durch seinen Schwefelgehalt beim Anschlagen Funken sprüht und zum Feuermachen verwendet wurde. Er galt deshalb auch als magischer Schutzstein sowie als wärmespendender Heilstein. Er wird vor allem bei Erkrankungen der Atemwege eingesetzt und hat eine kräftigende Wirkung bei der Regeneration nach langen Krankheiten. Durch seinen Eisengehalt hilft er gegen Eisenmangel (Anämie). Da er bei Hautkontakt Eisensulfid absondert, wird er in der Regel nicht als Schmuckstein getragen.

Synonym wird Pyrit häufig auch als *Markasit* bezeichnet, er ist jedoch härter als dieser.

Rauchquarz

Der Rauchquarz ist eine hell- bis dunkelbraune Varietät des Quarzes, aus der, wenn sie erhitzt wird, reiner Bergkristall wird. Die sehr dunkle Sorte hat den Namen *Morion.*

Der Rauchquarz wird als Trauerstein getragen, gilt aber trotz seiner Farbe auch als Schutzstein. Er verbindet mit der Materie und unterstützt eine stärkere Erdung und Bezogenheit auf das „Hier und Jetzt“. Trotzdem aktiviert er nicht übermäßig, sondern wirkt entspannend und beruhigend, stärkt die Nerven, hat eine entkrampfende Wirkung und kann zur Linderung von Schmerzen direkt auf die betroffene Stelle gelegt werden.

Rosenquarz

Wie schon der Name sagt, ist dieser sehr beliebte Stein ein durchscheinender rosafarbener Quarz, die Färbung entsteht durch den Mangangehalt. Rosenquarz zählt zu den empfindlichen Steinen, deren Farbe verblassen kann, wenn sie dem Sonnenlicht ausgesetzt werden.

Er wird dem Herzchakra zugeordnet und gilt traditionell als Stein für alle „Herzensangelegenheiten", für Liebe, Freundschaft, Zärtlichkeit und Fruchtbarkeit. Umgekehrt hilft er auch bei mangelnder Liebesfähigkeit und Liebeskummer aufgrund von unerwiderter Liebe, heilt die Wunden, die durch emotionale Verletzungen entstanden sind, löst Trauer und Aggression auf und unterstützt darin, sanftes Mitgefühl mit sich selbst und anderen zu entwickeln und zu leben.

Auf der körperlichen Ebene hilft der Rosenquarz – besonders wenn er eine kräftigere Färbung hat – bei allen Herzbeschwerden (Angina pectoris), Erkrankungen des Blutes und des Kreislaufs, aber auch bei Frauenleiden, sexuellen Störungen und Magersucht, bei Hautproblemen, hierbei vor allem Gürtelrose.

Allgemein hat dieser Stein eine beruhigende und entspannende Wirkung, die auch sehr gut für hyperaktive Kinder genutzt werden kann. Als neuerer Wirkungsbereich ist seine Abwehr von Erd- und Computerstrahlung zu erwähnen; da er diese schädlichen Energien jedoch selbst aufnimmt, sollte darauf geachtet werden, ihn regelmäßig unter fließendem Wasser zu reinigen.

Rubin

Der Rubin ist ein tiefroter Stein aus der Korund-Familie. Sein Name kommt von *rubeus*, „rot“, verbindet ihn mit dem Feuer-Element und hat ihm im Orient den Beinamen „Blutstropfen aus dem Herzen von Mutter Erde“ eingebracht. Er war ein Machtstein der Kaiser und Könige und gilt als Sinnbild der Lebensenergie, des Mutes und der Furchtlosigkeit. Er steht für Nächstenliebe, tiefe Empfindungen und körperliche Stärke und Gesundheit.

Der Rubin wird dem Wurzelchakra zugeordnet und wirkt sich günstig auf eine harmonische Vereinigung von Sexualität und Spiritualität aus. Außerdem stärkt er den Überlebens-Willen, indem er Ängstlichkeit überwinden hilft und die Bereitschaft fördert, sich anzustrengen und durchzusetzen. Allgemein unterstützt er die Lebensfreude und vertreibt dadurch Traurigkeit und Resignation. Er ist ein relativ seltener und daher kostbarer Stein, der als Talisman und Glücksbringer getragen werden kann.

Auf der physischen Ebene stärkt der Rubin Herz und Nieren, beugt dem Herzinfarkt vor, hilft bei Anämie, Kreislaufstörungen und Energiemangel, fördert die Immunabwehr bei Infektionen. Ferner ist er bei Menstruationsbeschwerden angeraten, wirkt blutstillend und unterstützt die Wundheilung. Es wird ihm auch eine günstige Wirkung auf die Augen nachgesagt.

Saphir

Auch der Saphir gehört zur Korund-Familie, kann jedoch verschiedene Farbtöne annehmen; am häufigsten kommt er in allen Schattierungen von Blau vor. Eine besonders kostbare Varietät des Saphirs ist der orangefarbene *Padparadscha*, der wohl aufgrund seiner Farbe fälschlicherweise auch „Königstopas“ genannt wird. Er gilt als sehr wirksamer Schutz- und Glücksstein.

Der blaue Saphir ist ein Stein der Herrscher, aber auch der Bischöfe gewesen. In Indien gilt er als Stein der Yogis und ist ein Symbol für den Lotos (unsere „Blaue Blume“), der die verstandesmäßige Erkenntnis mit Intuition und Liebe vereint. Er wird dem Stirnchakra zugeordnet, dient der Stärkung des Glaubens und wirkt unterstützend darin, Klarheit über die individuelle Lebensaufgabe zu gewinnen. Er fördert das Streben nach Wahrheit und Wissen und hilft gegen Depressionen, Ängste und psychische Störungen.

Auf der physischen Ebene unterstützt der Saphir alle Heilungsprozesse (besonders auch bei psychosomatischen Erkrankungen), wirkt blutstillend, kühlt bei Fieber, hilft gegen Kopfschmerzen und Schlafstörungen und wird ganz besonders als Mittel bei Augenkrankheiten empfohlen (den Stein auflegen oder innerlich als Essenz einnehmen).

Sardonyx

Eine Untergruppe des Onyx ist der Sardonyx, ein rotbrauner gebänderter Chalcedon, dessen Name sich aus *Sarder* (einem alten Namen für Karneol) und Onyx zusammensetzt. Der Sardonyx hat ähnliche geistig-seelische Wirkungen wie der Onyx. Auf der körperlichen Ebene hat er ebenfalls einen kräftigenden Einfluß auf das Immunsystem und regt außerdem den Stoffwechsel und die Ausscheidung an.

Smaragd

Der Smaragd gehört zur Beryll-Familie und zählt zu den kostbareren Steinen, weil er relativ selten ist. Wie schon der Name sagt, ist er smaragdgrün – eine Farbe, wie keine für das Auge angenehmer sein könne, so ist schon von Plinius überliefert. Überanstrengte Augen sollen allein durch den Anblick eines Smaragds wieder gekräftigt und gestärkt werden. Natürlich galt dieser edle Stein auch als hochangesehenes Heilmittel bei Sehschwäche und Augenleiden – ein Vorzug, von dem sich bereits die alten Steinschleifer praktisch überzeugen konnten. Für eine Behandlung kann man den Stein entweder direkt auf die Augenlider legen oder dies auch mittels Kompressen tun.

Der Smaragd wird dem Herzchakra zugeordnet. Er stärkt das Herz, auch emotional, und wirkt harmonisierend und ausgleichend. Schon im alten Ägypten galt der Smaragd als „Stein der Liebenden", der alle Liebesangelegenheiten positiv beeinflußte; er wurde von schwangeren Frauen getragen, um die Geburt zu erleichtern, und soll auch als Aphrodisiakum wirken. Er gilt aber ebenso als Glücksstein der Künstler und Musiker und wirkt besonders auf den Energiekörper, dessen Blockaden er auflösen hilft.

Auf der physischen Ebene wird der Smaragd verwendet bei Gleichgewichtsstörungen, zur Regulierung der Schilddrüse, zur Beruhigung der Nerven und Entgiftung der Leber. Außerdem aktiviert er die Selbstheilungskräfte, ist fiebersenkend und hilft gegen Infektionen und Kopfschmerzen.

Sugilith

Der Sugilith, der auch noch *Luvulith* genannt wird, ist ein seltener Stein, der erst vor ca. 50 Jahren entdeckt und vor etwa 10 Jahren als Heilstein bekannt wurde. Seine Farbe reicht von einem hellen bis zu einem tiefdunklen Violett. Aufgrund seiner Farbe wird er dem Scheitelchakra zugeordnet, stellt aber eine Verbindung von den Kopfzentren zum Wurzelchakra her. Er kann sehr gut auf das Dritte Auge aufgelegt oder als Anhänger am Halschakra getragen werden.

Der Sugilith läßt den Menschen die tiefere Wahrheit über seine Krankheiten erkennen und zeigt dem Geist, wie er Heilenergie in den Körper lenken kann. Er unterstützt auch darin, geistige Erkenntnisse in die Realität des Alltags zu integrieren. Er wirkt harmonisierend auf den Kreislauf und die Nerven, lindert Kopfschmerzen und ist besonders als Schutzstein für sensible und empfängliche Menschen sowie für Kinder geeignet.

Tigerauge

Das Tigerauge gehört zu den Quarzen. Die Mineralien der Tigeraugen-Familie erinnern dem Aussehen nach an Tieraugen mit Schlitzpupillen, die sich unter Lichteinwirkung verändern. Sie standen daher in dem Ruf, bei Augenproblemen zu helfen und den „bösen Blick" abzuwehren. Durch ihren Einfluß auf die eigene Sichtweise sollen diese Steine auch die Selbsterkenntnis fördern.

Das eigentliche Tigerauge ist durch seinen hohen Eisengehalt goldbraun und steht durch seine Farbe zusätzlich noch in Verbindung zum Nabelchakra. Es wirkt zentrierend und schärft den Blick und die Fähigkeit zum Umgang mit materiellen Dingen. Es vermittelt Wärme und das Gefühl von Geborgenheit und Schutz, stärkt die Nerven und fördert die Konzentration.

Die recht seltene rotbraune Varietät des Tigerauges heißt auch „Ochsenauge".

Zur gleichen Familie gehört das blaugrüne bis blauschwarze *Falkenauge*. Die intuitive Wahl dieses Steins könnte ein Hinweis darauf sein, besondere Aufmerksamkeit sich selbst, aber auch der gesamten Umwelt gegenüber zu entwickeln. Zu diesem Zweck kann der Stein auf das Dritte Auge gelegt werden. Bei Überanstrengung der Augen, beispielsweise durch übermäßige Arbeit am Bildschirm, können Trommelsteine auch direkt auf die Augen gelegt werden.

Topas

Der Topas kann eine ganz unterschiedliche Färbung annehmen, doch die bekannteste und gleichzeitig auch wertvollste Sorte ist der goldgelbe *Goldtopas*. Sein Name leitet sich vom griechischen Wort *topazion*, „gesucht und gefunden“ ab. Dies hat mit den Umständen seiner Entdeckung, aber auch damit zu tun, daß er als „Stein der Vorahnung“ gilt und Intuition und Vorauswissen schenkt. Er wurde auch „Magnet des Goldes“ genannt, da er bei der Schatzsuche half und unsichtbar machen konnte, wenn er in der linken Hand getragen wurde.

Der Topas wird dem Nabelchakra zugeordnet und gilt als Stein des Sonnengottes. Er schenkt Wärme und Licht und dadurch aktive, sich nach außen verströmende Kraft. Er hat eine ausgesprochen positive Wirkung auf alle geistigen und nervösen Störungen, hilft bei chronischer Erschöpfung, Depressionen und Angstzuständen, Schlaflosigkeit und unruhigen Träumen, stärkt die Konzentration und Selbstbeherrschung, macht selbstsicher, aber auch großzügig. Er entfaltet seine volle Wirkung, wenn er im Bereich des Solarplexus getragen oder aufgelegt wird. Seine Farbe läßt ihn als Leberstein erkennen. Er stärkt insgesamt die Lebensgeister und regt den gesamten Stoffwechsel an, wirkt regulierend auf Herz und Kreislauf und beugt Erkältungskrankheiten vor.

Türkis

Der Türkis ist durch seine himmelblaue oder grünblaue Farbe ein Symbol für die Unendlichkeit des Himmels und die Tiefe des Meeres und gehört zu den ältesten Schmuck- und Schutzsteinen. Er ist nach der „Türkei" benannt und galt in vielen Kulturen als heiliger Stein, zum Beispiel bei den alten Persern und Ägyptern, bei den Indianern und Tibetern – ein Stein, der Glück brachte und magischen Schutz bot.

Der Türkis hat allerdings die Eigenart, daß er altern und sogar „sterben" kann, wie es heißt, da er weicher und damit lebendiger als andere Mineralien ist. So ist er dafür bekannt, daß er gleichzeitig mit seinem Träger erkrankt und seine Farbe verändert bzw. seinen Glanz verliert, was sich nur durch eine Ausstrahlung über die Haut des Kranken und eine feinstoffliche Wirkung auf die Empfindlichkeit dieses Steins erklären läßt. Es ist daher auch ratsam, ihn beim Händewaschen abzulegen und ihn vor starkem Lichteinfall, Schweiß, Schmutz und Körperpflegemitteln zu schützen.

Außerdem gilt der Türkis als ein Anzeiger von Gefahren, der negative Energien absorbieren kann, die eigentlich für seinen Träger bestimmt sind; dabei kann er ebenfalls seine Farbe verlieren oder sogar zerbrechen. Im Orient steht er in dem Ruf, den „bösen Blick" und Feinde abzuwehren. Dort wurden Pferden Türkisschnüre umgehängt, um den Reiter vor einem Sturz zu bewahren, und da er die Voraussicht fördern soll, wurde er auch wie ein „Drittes Auge" am Turban getragen.

Der Türkis ist dem Halschakra zugeordnet und gilt als Freundschaftsstein, der bei Kommunikationsstörungen hilft und positive Energien unterstützt. Er wird sehr vielseitig für Heilzwecke eingesetzt, zum Beispiel im Bereich der Augen, der Kehle und Schilddrüse, der Lungen, der Leber und Galle, der Nieren (Kupfergehalt), ferner bei Anämie (Eisengehalt), bei Rheuma und Gicht, Erkältungen und Entzündungen.

Turmalin

Der Turmalin gehört zu den Steinen mit der größten Arten- und Farbenvielfalt. Daher folgen zunächst einige allgemeine Anmerkungen, bevor die verschiedenen Turmaline einzeln beschrieben werden.

Sein Name „Turmali" bedeutet „Aschenzieher", denn aufgrund seiner elektromagnetischen Eigenschaften bei Erhitzung kann er leichte Teilchen, wie zum Beispiel Staubflocken oder Aschepartikel, anziehen und wurde daher als Pfeifenreiniger verwendet. Durch die Eigenschaft, sich aufladen zu können, soll er auch im Dunkeln leuchten und das Licht polarisieren. Seit alters her heißt es von ihm, er beeinflusse die magischen Fähigkeiten seines Trägers. Alle Turmaline stärken das Herz und sind ausgesprochene Schutzsteine.

Der rosafarbene bis rötliche Turmalin heißt *Rubellit*. Er wird dem Herzchakra zugeordnet, und seine Schwingung hilft dabei, alte destruktive Gefühle aufzulösen und wieder Liebe und Freude zuzulassen. Durch die Öffnung des Herzens regt der Rubellit auch die Selbstheilungskräfte an, stärkt das Immunsystem, hilft bei Herz- und Lungenproblemen und kräftigt die Sexualorgane. Eine sehr schöne Sorte ist der rosa Turmalin mit grünem Rand, der auch als „Wassermelonen-Turmalin" bezeichnet wird und eine besonders ausgleichende Wirkung hat, da er männliche und weibliche Qualitäten miteinander verbindet.

Der grüne Turmalin oder *Verdelith* wirkt ebenfalls sehr ausgleichend und harmonisierend, hilft bei Herz-

und Kreislaufbeschwerden, fördert die Ausscheidung und wirkt entgiftend. Auf der geistig-seelischen Ebene macht er geduldig und milde.

Der blaue Turmalin oder *Indigolith* kommt relativ selten vor. Er stärkt besonders die Klarheit und Konzentrationsfähigkeit, bringt innere Ruhe und guten Schlaf und wirkt auf das Nerven- und Immunsystem.

Der schwarze Turmalin wird *Schörl* genannt; in der Verbindung mit Bergkristall entsteht Turmalinquarz. Schörl steht in Beziehung zum Wurzelchakra und ist ein guter Schutzstein gegen negative Energien, auch gegen Radioaktivität und elektronische Strahlung. Er hilft gegen Streß und Belastung ebenso wie bei Überaktivität, hat eine allgemein schmerzlindernde Wirkung und stärkt die Abwehrkräfte.

Auch die anderen Varietäten, wie farbloser, gelber oder bräunlicher Turmalin, gelten allgemein als „Sonnensteine" und haben ähnliche Wirkungen wie die oben beschriebenen.

Zirkon

Die Färbung des Zirkons kann von gelb über orange bis rotbraun gehen. Sein alter Name, der jedoch nicht mehr sehr gebräuchlich ist, war „Hyazinth“ – nach der griechischen Sage von Hyakinthos, der auch der Hyazinthe seinen Namen gab.

Der Zirkon wirkt zwar sehr dynamisch, doch soll er Mäßigung schenken und stand früher in dem Ruf, von Wahnsinn zu heilen. Er wirkt auch tröstlich und hilft bei der Überwindung von Trauer, Argwohn und Ängsten. Auf der physischen Ebene stärkt er das Herz, regt die Lebertätigkeit an, lindert Menstruationsbeschwerden, wirkt allgemein entkrampfend und hilft bei Zuständen nervöser Erschöpfung.

Weiterführende und vertiefende Literatur in Auswahl

Bourgault, Luc: *Ganzheitliche Edelsteintherapie*. Bauer Verlag, Freiburg 1994. – Auf alter indianischer Tradition beruhende Edelsteintherapie.

Dow, Jane Ann: *Praktisches Handbuch der Edelstein- und Kristalltherapie*. Ansata Verlag, Interlaken 1993. – Neue Diagnose- und Behandlungsmethoden für Fortgeschrittene.

Gienger, Michael: *Die Steinheilkunde*. Verlag Neue Erde, Saarbrücken 1995. – Fundierte Einführung und Vertiefung, für Anfänger wie Fortgeschrittene geeignet.

Guhr, Andreas u. Nagler, Jörg: *Mythos der Steine*. Verlag Ellert u. Richter, Hamburg 1986. – Geschichte der Steine und ihrer Anwendung unter Einbeziehung von Astrologie und Magie.

Klinger-Raatz, Ursula: *Die Geheimnisse edler Steine*. edition Schangrila, Haldenwang 1986. – Chakren und Edelsteine.

Klinger-Raatz, Ursula: *Reiki mit Edelsteinen*. Windpferd Verlag, Aitrang 1990. – Verstärkung der Reiki-Behandlung durch Edelsteine.

Raphaell, Katrina: *Wissende Kristalle*. Ansata Verlag, Interlaken 1986. – Fortgeschrittene Steintherapien zur Selbstheilung und spirituellen Entwicklung.

Ray, Clarissa: *Farbmeditationen.* mvg-verlag, München/Landsberg am Lech 1994. – Vertiefung der Farbmeditation unter anderem durch die Verwendung von Edelsteinen.

Sharamon, Sheila u. Baginski, Bodo: *Edelsteine und Sternzeichen.* Windpferd Verlag, Aitrang 1989. – Die Verwendung von Edelsteinen nach astrologischen Gesichtspunkten.

Sienko, Sofia: *Der Steinschlüssel.* Windpferd Verlag, Aitrang 1995. – Eine umfassende Einführung in das Steinreich und gleichzeitig ein Kurs in der Edelsteinheilkunde.